U0926245

销售就是要学会动脑筋

焦庆锋／主编

吉林文史出版社
JILINWENSHICHUBANSHE

图书在版编目（C I P）数据

销售就是要学会动脑筋 / 焦庆锋主编 . -- 长春 : 吉林文史出版社 , 2019.7

ISBN 978-7-5472-6341-9

Ⅰ . ①销… Ⅱ . ①焦… Ⅲ . ①销售—商业心理学 Ⅳ . ① F713.55

中国版本图书馆 CIP 数据核字 (2019) 第 135625 号

销售就是要学会动脑筋

XIAOSHOU JIUSHI YAO XUEHUI DONGNAOJIN

主　　编 / 焦庆锋
责任编辑 / 孙建军　董　芳
出版发行 / 吉林文史出版社有限责任公司（长春市人民大街 4646 号）
网　　址 / www.jlws.com.cn
版式设计 / 晴晨时代
印　　刷 / 北京欣睿虹彩印刷有限公司
版　　次 / 2019 年 11 月第 1 版　2019 年 11 月第 1 次印刷
开　　本 / 880mm × 1230mm　1/32
字　　数 / 113 千字
印　　张 / 8
书　　号 / ISBN 978-7-5472-6341-9
定　　价 / 42.80 元

前言 FOREWORD

销售是什么？通俗地说，销售就是通过说服客户来达成交易，是一种你买我卖的简单经济行为。随着社会经济的发展，技术的进步，物质生活的不断丰富，销售谈判也逐渐从价格的谈判、质量的竞争逐渐上升到满足客户的心理诉求这一层面。此外，如今也是一个信息大爆炸的时代，处处藏有商机，处处存在竞争，如果你的销售技巧不突出，就不能立即抓住购买者的心理，那么你就会被淹没在销售这个没有硝烟的战场中。那么怎样才能成为一个出色的销售人员呢？

其实在很多时候，销售的成功与否并不在于努力与不努力的问题，而是方法的问题。正所谓"任其事必图其效；欲责其效，必尽其方"。销售中运用的战术多种多样，但"会动脑筋的销售"是销售战术背后的中坚力量。常言道："一个会动脑筋思考的人总能解决问题。""思考可以决定一个人的命运，一个成功的销售员肯定是一个善于思考的人。"所以，要想在销售这场残酷的战争中赢得滚滚财源，就要求每个人在销售中都要学会动脑筋来思考。思考你的销售技巧，分析你的顾客等。成功的销售就是依靠智慧，依靠动脑，依靠思考取得的。

为此，我们编写了《销售就是要学会动脑筋》这本书。本书含有独特的见解，以心理学知识作为理论基础，结合各种销售案例，运用了不同的销售方法来帮助销售人员如何成功地达成交易。读此书，会让你受益颇多！

由于编纂时间仓促，加之水平有限，在编写过程中难免发生纰漏，还望广大读者批评指正。

目录 content

SEC TION

第一章

第一次接触时温馨寒暄，缩小双方的距离感

销售的目的就是为了卖出自己的产品，而这一过程就是取得顾客对自己认可的一个过程，所以说销售就是从聊天儿开始的，好的销售员一定是一个会聊天儿的人，他可以通过自己真诚且具有亲和力的语言从一开始就吸引顾客，并借用一些家常、题外话的交谈，让顾客放下自己的防备心态，拉近双方的距离，从而增强销售员和顾客之间的信任感，这样才会更容易得到顾客的认可，销售也会更顺畅地进行。

本章主要讲解了在和顾客初次见面时，利用巧妙的聊天儿来拉近和顾客的距离的方法，以此来让我们的销售更成功。

沟通就是推销

每一个人都迫切希望成功，口才就如守护着人们的一颗明亮的星星。对于一个推销员，更需要拥有一副好口才为自己创造好的机会和运气，从而给自己带来成功。

美国的保险推销员贝吉尔，他能够成为最优秀的保险推销员之一，完全是凭借他那能言善辩的好口才。

有一次，贝吉尔要去拜见一位正打算购买25万美元保险的客户。同时，共有三家保险公司为该客户提供了计划方案，它们之间互相竞争，不知道最终谁可以赢得这份儿保单。

当贝吉尔刚见到这位顾客的时候，顾客立刻说道："我已经把这件事情交给我一位好朋友来帮忙了，麻烦你留下资料，我来比较一下哪家更合适。"

贝吉尔说："我可以诚实地告诉您，您完全可以把那些计划书全部扔进垃圾桶。因为任何一家保险公司计划保费的基础起点都是一样的。我今天，就是来帮助您做最后决定的。如果您向银行贷款25万美元，银行肯定是受益人。但是，您的健康比什么都重要。您不必担心，我已经帮您约到了最具权威的医生，他所出的检验报告任何一家保险公司都会认可，更何况也只有他才有资格来做25万美元保金的高额保险的体检。"

顾客说："我想我需要一些时间来考虑一下。"

贝吉尔说：“当然可以，但是假如您在这期间得了一点儿小感冒，这样可能会耽误您几天的时间，时间一拖，保险公司很有可能会考虑再等三四个月才会给您承保……”

顾客说：“没想到这件事儿竟如此重要！贝吉尔先生，我到现在还不了解你究竟代表的是哪家保险公司呢？”

“我代表的是客户！”贝吉尔就这样快速地、顺利地签下了一张25万美元的保险单，这完全归功于他的好口才。

库尔曼很小的时候，爸爸就去世了。在他18岁的时候，他成为一名职业球手，后来因为手臂受伤，他不得不放弃职业球手的工作，成为一名人寿保险的推销员。在他29岁的时候，他的工资是美国推销员中最高的。直到现在，在他销售保险的25年中一共销售了40000份儿寿险，平均每天签订5份儿保单，这也让他成了美国的金牌销售员。库尔曼很明白口才的力量，于是他便有意识地锻炼自己的口才。

他遇见罗斯的时候，是他刚开始进入保险这一行业。罗斯开了一家工厂，工作忙碌。很多推销员在他面前都是劳而无功。

这天库尔曼去拜访了他。

库尔曼：“您好！我是乔·库尔曼，人寿保险的推销员。”

罗斯：“又是一个推销员，在你之前已经有9个保险公司的推销员来过了，我非常忙，根本没有时间听你说。别再来烦我了，我没时间。”

库尔曼：“请您给我10分钟的时间做一个自我介绍，只要10分钟就好。”

罗斯："我一点儿时间也没有。"

库尔曼低着头，盯着放在地板上的产品足足看了1分钟，突然问道："您做这一行有多久了？"

罗斯答道："嗯，有22年了。"

库尔曼接着问："当初您是如何开始做这一行的？"这个问题一下子打开了罗斯的话匣子。他开始对库尔曼侃侃而谈，他谈到早年的不幸和创业的历程，一直谈了1个多小时的时间。甚至，罗斯还热情地邀请库尔曼去参观厂子。这次见面，尽管库尔曼没有卖出保险，但是他却交到了罗斯这位好朋友。在后来的3年时间里，罗斯共从库尔曼那里买了4份儿保险。

俗话说："君子不开口，神仙也难下手。"因此，对于一个推销员来说，最害怕的就是对方不开口。库尔曼就是依靠自己的好口才打开了客户的话匣子。

库尔曼的一位朋友在费城经营一家再生物资公司。他人生中的第一份儿寿险就是从库尔曼手上买来的。他对库尔曼的成功做出这样的总结："他对我说的所有的话和其他销售员说的没有什么区别，不同的是他从来不和我辩论什么，只是不停地向我提出问题。他问得越多，我给他解释得也越多，最后，连我自己都被卖了。我对他说得越多，便意识到对我越不利，最终我的防线也被击破。结果就是不是他在向我卖保险，而是我主动找他买保险。"

另外，库尔曼还向一家食品店的老板斯科特先生销售了一笔6672美元的寿险，这是他所在保险公司有史以来销售的最

大的一笔寿险。他们两个人的对话如下：

库尔曼：“斯科特先生，您能抽出一点儿时间来了解一下人寿保险吗？”

斯科特：“我非常忙，你这简直就是浪费时间。你也知道，我今年63岁了，很早之前我就已经不再买保险了。我的孩子也已经长大，可以很好地生活了，我和我的妻子，还有一个女儿共同生活在一起，哪怕我发生什么意外，她们也有足够的钱继续过着舒适的生活。”

如果是其他推销员，听到斯科特这些合情合理的话，肯定会放弃的。但库尔曼并没有，他继续问道：“斯科特先生，一般和您一样成功的人，除了事业和家庭外，一定还会有其他的兴趣，比方说对医院、宗教和慈善事业的赞助。您有没有想过，

在百年之后，这些机构可能会没有办法正常运转呢？”

斯科特听后沉默不语，这时候，库尔曼意识到自己刚才所说的这些话斯克特先生已经听进去了，于是他继续说道：“斯科特先生，购买了我们公司的寿险，不管您有没有什么不测，您所做的慈善事业都会继续下去。7年以后，您每个月都会有一笔5000美元的收入，一直持续到您去世。假如您不需要，完全可以把这些投入到您的慈善事业中去。”

听完这些话，斯科特先生立马提起精神说：“是的，我确实资助着3名尼加拉瓜的传教士，这件事情对我来说很有意义。你刚才说假如我购买了保险，那3名传教士在我死后仍然会得到资助，这样，我一共需要花多少钱？”库尔曼答：“6672美元。”最后，斯科特购买了这份儿寿险。

通常情况下，人们买保险的目的就是为了让自己和家人能有一份保障，库尔曼就是抓住客户的心理，说服了客户。

由此可见，库尔曼之所以能成为美国的金牌销售员完全得益于他的好口才。

销售无非就是会聊天儿

尼尔·雷克汉姆是世界上有名的销售大师，是销售研究领域的权威，有一次他受到IBM公司的委托考察公司在中国的销售情况。经历时6个月的考察雷克汉姆总结出：从第一次和客户见面到最后的成交，销售人员和客户见面的时间有38.4个小时，但是真正谈论商品的技术、应用和性能等话题所需要的时间仅有3.9个小时，占总时间的10.2%，其余时间谈论的都是与销售无关的内容，例如，对方的家庭、兴趣、工作、衣着，甚至是八卦、新闻、新鲜事儿等内容。

我们不对这些做法做任何评论，单针对这一个数据我们可以清楚地看到：销售无非就是在聊天儿。

一说起销售员，很多人首先想到的是这个人一定是能说会道的人，能言巧辩、口若悬河，不管是和谁都会攀亲带故、拉关系，亲和力很强。但是，能说的销售员未必就是一个好的销售员，好的销售员一定是会聊天儿的。那么，什么样的销售员是不会聊天儿的呢？我们一起来看一下：

1. 平常说话侃侃而谈，但到了和客户谈话的时候就会颠三倒四、条理不清，或内心胆怯、无话可说。

2. 口若悬河地说话，使用大量的专业术语，不管客户是不是目瞪口呆、茫然无知。

3. 害怕会有沉默和冷场的局面出现，但面对客户却不知道应该说些什么内容来缓和气氛，化解这种窘迫的情况。

4. 看到他人曲意迎合客户，哄得客户兴高采烈，自己表面上不屑一顾，但内心却十分嫉妒。

所说的“术业有专攻”，如果一个销售员想要快速成交，首先要做到的就是和客户有聊天儿的话题，其次是必须要会聊天儿，否则的话很容易出现冷场，这样就没有办法继续深入正题了。

既然如此，怎样和客户聊天儿才是会聊天儿呢？有一些推销员确实非常敬业，他们把公司的历史、组织结构、产品的系列、不同的功能完整无误地讲给客户。其实，通常这样是起不到什么好的效果。销售人员也觉得很沮丧：“辛辛苦苦背诵下来的东西，给客户细细地讲解，客户为什么就是不愿意向我购买呢？”

实际上，不论哪一个行业在和顾客交流的过程中都需要遵守八项原则。这些原则的总目标只有一个：让客户有更好的用户体验，从而提高产品的成交率。现在我们把和客户的初次见面作为切入点，来具体了解一下在和客户交流的过程中应怎样遵循这八个原则，从而快速达成交易。

1. 开门红。从你和客户见面的第一刻起，你必须在开始的几分钟内就和客户说得上话，增加客户对你的好感度，让交谈在一个愉快的环境下进行，这样客户才会有耐心继续听下去。这就是开门红。

2. 吸引力。任何一个人都不愿意听白开水一样的谈话，所以你一定得在短时间内聊一些可以引起客户关注的话题，以此来吸引客户，让他有和你聊下去的欲望。

3. 认真倾听。成为一个合格的倾听者。在客户诉说的过程中用心倾听，清楚客户的诉求和顾虑。只要客户说出来自己心中的想法，就跟着他的话题继续往深处聊，只要他愿意说，你就认真听，因为他所说的全部都是他感兴趣的话题或者自己的关注点。

4. 提问。一般客户通常关心的不是你卖什么而是自己需要什么，客户的需求很有可能就是他生活中最需要解决的难题。所以，你要在倾听客户的过程中和客户互动，提出一些问题，引导顾客说出自己最迫切需要的东西，从中找到他购买的敏感点。在提问的时候，要做到准确引导，以此来让客户说出自己的真实想法，了解客户的真实需求，那么这次和客户的见面就非常成功。

5. 介绍。一个好的销售员介绍的是对方想听的、正想要的，并不是把自己的想法没有主次地全部抛给对方。因此，在给客户介绍他想要的东西的时候，一定要把所有能满足顾客需求的产品的好处讲清楚、讲透彻。

6. 共鸣。一次成功的销售并不是想方设法地说服对方认同自己。实际上，我们要和客户站在同一个角度上，就一些客户感兴趣的内容，互相探讨，以此来拉近双方的距离，产生共鸣。这样客户才会更容易接受你的产品。

7．交心。聊天儿是为了增进感情交流，只有我们真心实意地替对方考虑，才会打开客户的心扉，进一步的交流才会更顺利、更愉快。

8．送炭。一次成功的销售必须有实际价值，能真正地为客户解决难题。在找到客户真正的诉求之后，你要聊的内容就是如何才能替客户达成他的心愿，做一个雪中送炭的人。这样客户才会放下心来，才会信任你，销售才会成功。

“交谈上的小修炼，造就人生 180 度的大改变。”聊天儿不仅仅是八卦闲聊，这里面蕴藏着巨大的能量。聊天儿也是一门非常有技术含量的学问，可以让你做到哪怕是一次的偶遇，也能通过巧妙的语言，成为你人生中一次珍贵的机遇。

先寒暄，让对方防守的心放下警戒

寒暄其实就是唠家常，例如，聊一些愉快的内容，谈一些对方有兴趣的话题，讲一些赞美对方的话语等。寒暄听上去非常简单，却有着不可小觑的效果。因为寒暄不仅可以消除双方首次见面的紧张气氛，还可以让对方防守的心放下警戒，缩小距离感，建立起一个互相信赖的桥梁。得体的寒暄可以让谈话的气氛更加融洽，让正式的交谈可以在一个轻松的环境中进行。

显然，在和客户初次见面的时候，稍微寒暄可以快速地拉近双方的距离。所以，一个好的推销人员会非常注重使用寒暄开始法来抓住客户的心。

一个销售员如果没有办法抓住客户的心并互相建立起感情，那么他就不是一个好的销售员。因为对于他来说，连交易是不是可以继续进行下去都不能肯定，就更不要说交易成功率了。一个客户讲述了自己的一次经历：

当时，我想买一辆车，经过各方面的比较，我最终决定买A车。在A车的销售中心，我直接向销售员说："我对这款车很满意。如果我在车上安装两个音箱需要多少钱？"

"音箱有好几款，看您要哪一款，我才能给您报价！"

"哦！如果再加个导航需要加多少钱？"

"这也要看您要哪一款导航了！"

“隔热纸的价格呢？”

“隔热纸也是有不同级别的，具体得看您需要哪一个级别的？”

“哦！”

刚好电话铃响起来了,趁销售员接电话的时候我就离开了。

说实话，对于推销员来说，当遇到一个有购买意向的客户，最终成功购买率是非常高的。因为客户已经对这个产品有了很高的认可度，销售员要做的就是加强顾客购买的决心，让顾客不再犹豫。对于这个例子来说，这位销售员应该尽自己最大的努力为客户解答所有的疑问。但这个本来可以成功的交易最终却还是以失败告终，这究竟是什么原因呢？有人问这位客户了：“最后，你为什么离开了？”这位客户回答说：“我从销售员身上感受不到一点儿热情，就像是我求他一样。我害怕万一购买之后售后服务也会如此。”

从这个客户的回答中，我们清楚地看到销售员在销售过程中所犯的几个错误：

1. 他没有得体地寒暄，而是直接谈到商品自身。这样客户的体验便使这场买卖没有一点儿人情味儿，心中难受。

2. 在整个交谈的过程中是顾客在主导整个交谈，销售员只是被动地回答问题。让客户有被敷衍的感觉。

3. 推销员在和顾客的交谈过程中去接电话，这样顾客有“商家并没有多重视我”的感觉。由此，联想到后期的售后服务可能也是如此不尽人意，让顾客望而却步。

那么，一个好的销售员是如何利用寒暄来让交易成功进行的呢？我们来看看下面这个小案例：

销售员：“您好！快请坐。是打算拍婚纱照吗？”

情侣：“是的。”

销售员：“那您是朋友推荐来的，还是刚好路过？”（收集资料）

情侣：“我们是正好路过这里，就进来看看。”

销售员：“不知道您的婚期是定在什么时候呢？”（收集资料）

情侣：“下个月底。”

销售员：“看您做事就很周详，有计划性。您下个月底结婚，刚好现在拍很合适，一般照片拍摄完成会需要二十多天成片才可以取走，如果拍得太晚了，时间怕是会来不及。刚好我们店里新推出了几套性价比很高的套系，您来了解下。”

销售员：“我看这套很符合您的要求，您先填一下订单，我这就联系我们店里最好的摄影师给您安排拍摄时间。”

情侣：“好的。”

从一开始，影楼的销售员就占据着聊天儿的主导地位，她很好地把握了顾客的心理，并结合客户的实际需求，有针对性地为顾客介绍挑选适宜的套系。在这一过程中，他适当地赞美客户做事周详，有计划性，并用优惠政策吸引顾客的注意力，增强顾客的购买欲望。

在整个销售过程中，销售员貌似平常的开场语，首先让顾客放下戒心，愉快地和销售员进行互动。顾客感受到销售员的热情，销售员也掌握了顾客的需求，从而让交易达成。

从这个例子中，我们可以总结出“寒暄开始法”需要注意以下几点：

1. 有一个让对方关心的话题。

2. 让对方有被重视的感觉。

3. 有充足的准备。

4. 适当地赞美。

简单得体的题外话，让交易顺利成交

在销售产品时，当顾客对销售员说：“我觉得这个很不错”“我很喜欢这种类型”的时候，销售员往往就会不停地向顾客介绍感兴趣的产品的优点，一直到顾客实在没有心情继续留在这里听下去为止……甚至还会为“既然这么喜欢这个，为什么还会离开”感到不解。

日本寿险“推销大神”原一平曾说过：“简单得体的题外话可以促进你的人际关系的建立，同样，这也是你关心顾客的一种体现，运用好题外话交谈，会大大提升你的成交率。因此我们要对此重视起来。”

作为一个销售员，肯定想要卖出产品，在面对陌生顾客的时候，开门见山地直接介绍产品，很容易让人产生腻烦、抵制

的情绪。

在一家服饰店里，销售员和顾客聊天儿如下：

顾客：“红色给人一种热烈向上的感觉，我很喜欢红色的衣服。”

销售员听后，立刻对顾客说道：“我们这里的红色衣服有很多，您看想要哪一款？”

顾客：“嗯，我先看看再说。”

说完，顾客就直接离开了。

顾客还没有讲清楚自己的需求，就因为销售员的“热情”和“直接”而转身离开了。

如果销售员不要太心急，而是换种说法来表达呢？

销售员：“对呀，红色代表着吉祥、热情，我也很喜欢红

色呢！”

顾客：“我还收集了许多红色的领带呢！”

销售员：“真的？看来您真是十分钟情于红色呀！正好我们店里刚进来了一批红色系的衣服，您看一下？”

顾客：“好的，那找出来让我先看看。”

这样一步一步地引导顾客按照销售员的建议来做。既让顾客高兴，又为交易创造了融洽的气氛。假如你一直把关注点放在产品本身，也许顾客心中就会有所顾虑，甚至转身离开。

下面我们再来看看这位保险推销员是如何在首次和顾客交谈时成功签单一份儿儿童保险的。

销售员：“赵先生，您好！这是我的名片。”说着便把自己的名片递过去，并观察周围的环境，看到在顾客的桌子上摆放着很多优秀员工的奖杯。

“您的工作能力一定非常优秀，获得了这么多的荣誉。”

赵先生：“哪有，你过奖了。”

销售员：“您家里的装修也很精致呢！咦，这照片上是您的儿子吧？长得真帅气！”

赵先生笑着说：“是呀！”

销售员：“您肯定也给孩子报了不少辅导班吧？”

赵先生：“是呀，现在光一个孩子的教育每年都要花费好几万。培养一个孩子真是不容易。”

销售员：“对呀，父母都希望自己的孩子将来有出息，即使现在投资再多也是值得的。”

赵先生点头说：“嗯嗯，为了孩子，做父母的再辛苦也没有怨言。”

销售员：“那您想过现在给孩子储备一些教育基金吗？这样等孩子上大学的时候，您就不必为他的学费而烦恼了。”

赵先生：“还真没考虑过，不过你这个建议真的很好。”

销售员说：“赵先生也是一个有远见的人呀！要是您需要，我随时高兴为您服务。”

销售员适时地拿出他提前准备好的保险单，给赵先生做了具体的介绍。

在这个案例中，销售员就是通过看上去没有一点儿联系的题外话，逐步地引出自己的产品。在交谈的过程中，顾客已经对你表示了认同和接受。这样，订单怎么可能会不成功呢？

在进行销售之前，恰当地和客户谈论一些题外话儿，也是一个很好的策略。这些看似平常的题外话儿，可以让首次见面的双方进行互动，从而让双方的距离更近，让接下来的话题也更容易进行。

产生共鸣，顾客自然容易对你亲近

在拜访顾客的时候，要是可以和顾客产生共鸣，那么我们和顾客能愉快交流的可能性就更大，双方融洽的速度也会更快。这是因为人们在相处的时候，很喜欢寻找共同点，人们都喜欢和自己有相似点的人交往，这种相似点可以是兴趣爱好、脾气禀性、生活习惯、穿着谈吐、经历见闻等。相似度越高，双方越容易亲近，也越容易接受和认同对方，沟通起来也会更容易。

因此，销售员在拜访顾客的时候，一定要先和对方产生共鸣，可以适当地讨论一些其他话题，比如，双方的阅历、爱好或者家庭，多互相了解一下，寻找双方的共同点。这样，我们才可以发掘出和顾客的共同话题，以此为切入点，让交谈可以继续顺利进行。

一位打印机销售员到一家公司进行销售，好不容易才见到该公司的负责人。

“我们公司没有打算要换打印机，谢谢你。”公司老总冷淡地说道，然后继续摆弄他手中的鱼竿。

销售员看着老总手中的鱼竿儿，说道：“林总，您手上拿的是富士竿吧？”

“嗯，对呀，这是我刚买的。你也懂钓鱼？”

“周末有空儿的时候我也喜欢出去钓鱼，这里边有许多的乐趣，只不过我的技术不是很好。”

“对呀，看上去钓鱼很简单，但是这里边要学的可多了，单就说这鱼竿儿……”

两人越聊越合拍，老总就像和挚友交谈一样，非常高兴。同时，销售员也在彼此融洽、愉悦的聊天儿中成功地签下了订单。

在这个例子中，销售员及时发现了他和顾客都喜欢钓鱼这

一爱好，从而以此为切入点，展开了深入的讨论，这样气氛越来越温馨，客户对销售员的认同感也会越来越强。因此，交易也就更容易成功了。

一些销售员在和顾客交谈时之所以会有“话不投机半句多”的感觉，实际上是因为双方没有共同点。如果能找到和顾客共同感兴趣的话题，就很容易打开顾客的话匣子，这样交谈也会变得更加轻松愉快！因此，要想让顾客更信任你，就要聊一些他感兴趣的内容。

针对不同的沟通对象，我们要有不同的沟通话题，话题一定要能和对方产生共鸣，这样对方才愿意和你继续聊下去，从而更信任你。那么，不同类型的顾客，他们通常都会对哪方面的话题感兴趣呢？

1. 少年通常喜欢的是他（她）们崇拜的偶像。

每个人的少年时代都会充满梦想，这个阶段的少年都有自己心中崇拜的偶像。所以，和他们交谈时，可以谈谈他们的偶像，这样很容易和他们产生共鸣。这个阶段的孩子有较重的逆反心理，因此万万不可和他们对着干。

2. 青年时期的女性通常对时尚和美丽感兴趣，男青年更喜欢谈理想和成功。

年轻的女性对时尚和美丽非常热衷，只要是和时尚、美丽有关的话题都是她们的关注点。时装、美容和瘦身等方面通常是她们感兴趣的话题，谈起来也会头头是道，什么时候也不会厌烦。要想和她们产生共鸣，达成交易，可以试试从这些话题入手。

对于年轻男士来说，他们刚刚步入社会，尽管他们什么也没有，但是他们胸怀大志，有抱负，有理想，只是欠缺资历和阅历。他们的关注点一般是怎样让自己的人生更成功。所以和他们谈谈理想，聊聊未来，才更有吸引力。

3．中年时期的成功男性谈事业，普通的男性聊平淡，对于中年女性最好的话题便是孩子的教育。

对于人生取得重大成就的中年男士来说，他们最喜欢的聊天儿内容就是事业，尤其喜欢聊创业发家史。而且成就越大，就越爱分享这些，希望可以得到他人的认可和尊重。假如让一

个亿万富翁到深山老林去生活，很可能他活不了几年便会郁闷而死。这是因为，在这种无法和外界交流的环境中，他没办法得到其他人的认可和尊敬。卡耐基先生曾说：“人最终、最深切的渴望就是可以得到成为一个重要人物的感觉，尤其是对于成功人士来说，更是如此。”因此，创业、发家史是他们绝不会厌烦的交谈内容。

而普通的中年男子，他们追求的是平淡的幸福。他们已经没有了年轻人的激情，到了而立之年，事业平稳、家庭幸福，既没有什么太值得拿出来炫耀的，也过得安安稳稳。可能，他们也想努力，也想成功，但因为各种原因，他们的人生已经这样了。

对于处于中年的女性朋友，最能吸引她们的就是关于如何教育自己的孩子。没有哪一个母亲不希望自己的孩子是最优秀的！所以，当你和她们聊起哪个辅导班好，哪家的夏令营更能培养孩子的能力，哪里可以提升孩子的学习成绩等，她们一定会愿意和你继续交流下去的。

4. 老年女性更注重健康方面的话题，而老年男子则是对年轻时候的辉煌经历更感兴趣。

老年女性因为已经退休，儿女也已经长大成人，因此对于这些问题不会过多的关注，她们往往是把主要的精力用在了自己的身体健康上，怎样把自己的晚年过得更加丰富多彩是她们最感兴趣的话题。而人到了老年，身体不会像年轻人那么硬朗，健康生活的话题就会很好地吸引她们。如果你是个细心的人，就会发现，广场上广场舞跳得最起劲儿地是老太太，在保健品的推销课上大部分的听众也都是老太太。究其原因，就是因为她们更注重自己的身体健康。

当然，老年的男性也会关注健康方面的话题，但是更能让他们有交谈欲望的还是过去那些让他们引以为荣的经历。如果和他们聊这方面的内容，他们就会容光焕发地和你侃侃而谈。因为处于这个年龄段的男性一般都是退休在家，没有了职务和权力，内心很容易失落、伤感。而他们唯一能够拿来宽慰自己的就是曾经的辉煌。

总而言之，要想让顾客对你产生信任感，产生共鸣，就必须要找到能吸引对方的聊天儿内容，这样才可以进行更深入的交谈，从而在交谈中，才能产生共鸣。然后再来销售自己的产品，这样就会更加顺利，成交率也会更高。

对待顾客要热情，赢得交易成功

人们很难拒绝一个对我们非常热情的人。一个人对我们的态度，是我们决定是喜欢他、接受他还是讨厌他、远离他的一个重要因素。热情的态度会让我们的情绪受到感染，给我们一个愉悦的心情。热情的话语是拥有魔力的，对于一个销售对象来说尤为重要，它会在不知不觉中改变顾客的态度，激起顾客的购买欲望，最终促成交易的成功。

瓦格，美国通用公司的前总裁说过，热情是一个人的财富，它的价值远远高于金钱和权势。它可以帮你消除顾客的偏见和异议，为你扫清销售的障碍，让你始终无往不胜。

我们就来看一看享有“世界上最伟大的推销员”称号的乔·吉拉德是如何利用他的热情来成功地销售。

一天，有一位中年妇女来汽车展览处咨询汽车，是乔接待的她。乔了解到今天是她的生日，她打算购买一辆白色的汽车送给自己。

乔听到这位女士的讲述，非常热情地说：“真是太棒了，夫人，祝您生日快乐！”接着，乔就为他介绍了各种各样的新式汽车，并带领她观看各种车模的展示，然后乔就先离开了。

过了一会儿，乔回来了。他热心地问道：“夫人，您看得怎么样了呢？”说完就从自己身后拿出一束鲜花送给了她：“祝您生日快乐！”

这位女士感到非常惊讶，但更多的是感动。“真的非常感谢，我很久都没有收到过生日礼物了。我本想买一辆福特的，但是我觉得雪佛兰也很好。”

正是乔的这种让人想拒绝都没办法拒绝的热情，让这位妇人最终选择了在他这里购车，让乔赢得了交易的成功。

可以说，顾客常会被满腔热情的话语所感动。但是，我们的热情也要适当。恰如其分的热情会让顾客觉得亲切自然，而过度的热情则会给人一种虚伪做作的感觉。

寒暄的最高境界就是：顾客和你交谈既能有话可谈，也可以成为相交的好友，并可以和你建立起信任感。

那么，我们应该怎么做才可以让寒暄既热情，又不会让人觉得虚伪呢？这就需要注意下面几点：

1. 热情主动，态度和善

寒暄时除了方式和措辞必须适当外，还一定要热情主动、态度和善。试想一下，假如有人面无表情地和你说“很高兴认识你”的时候，你会有什么样的感觉？当他人用非常轻视的态度说“你真能干”的时候，你又会有什么样的感觉呢？因此，只有把两者相结合并恰到好处地运用，才能达到目的。

2. 把握分寸，恰到好处

不管我们做什么都要适度，寒暄也是如此。恰到好处的寒暄可以消除双方的戒备，让双方的距离更进一步拉近，但如果太过于热情则会适得其反，会让人讨厌你。

3. 声音洪亮，信心十足

一个人是不是自信，从他的声音就可以判断出来，也可以判断他所说的是否真诚。对于推销员来说，洪亮的声音，代表着你对产品的自信和热情大方的个性，这在一定程度上也会吸引更多的客户，让客服更信任你。

4. 面带微笑，和颜悦色

微笑可以提高一个人的亲和力，也是一种最基本的礼节。微笑展示的是一个人的修养，塑造的是一个人的性格，在很多时候微笑还可以化解矛盾。因此，微笑和热情更是不可分割的一个整体。如果你面带微笑、和颜悦色地和顾客交谈，你所表

现出来的真诚和自信一定会让他备受感动！

我们要相信，你只要热情地对待客户，也会得到相同的回报！

打造和顾客一见如故的初次见面

销售员和顾客进入正式话题的交谈前，最理想的境界就是一见如故。

两个素未谋面的旅客在旅馆相遇，两人便闲谈起来。

“听您的口音不像是苏北人呀？”

“嗯，我是苏南人。不知道您是哪里人呢？”

“我是山东枣庄人！”

“枣庄可是个不错的地方呀！我还在上小学的时候就在《铁道游击队》的连环画上了解过你的家乡。3年前我也去过一次枣庄呢！”

听完这些话，枣庄来的客人兴趣大增。两人从枣庄和《铁道游击队》开始交谈，越谈越多，非常亲热，让不知内情的人以为他们是一对儿好朋友呢！接下来他们二人互相交换了名片，共进晚餐，甚至两人还签订了两份儿合同：枣庄的客人卖给苏南客人一批矿石；而苏南的客人卖给枣庄客人一批皮革。

二人从认识、交谈到最后成功签订协议，关键点是他们找到了《铁道游击队》这个双方都感兴趣的话题，在交谈的过程中有了一见如故的感觉，所以越交流越深入，最后他们的合作也就非常顺利了。

打造和顾客一见如故的初次见面，要注意以下几点：

1. 见面之前，最好对顾客做一个详细的了解，发掘客户感兴趣的话题。

2. 提高自己的观察力，善于通过顾客的表情、衣着打扮、谈吐、举止等各方面来寻找双方的共同话题。

3. 面带微笑，让人有一种愉悦的感觉。

4. 找到和顾客的共同点。

这样，就算是双方第一次见面，也会在不知不觉中让双方有一种亲密的感觉，这样就缩短了双方之间的距离，进一步的

交谈就会更顺畅。让我们再一起来看一看下面这个例子：

小张是一家汽车公司的推销员，有一次他去一位客户家拜访。

"您好，我是AA公司的销售员小张，最近我们公司……"小张还没有说完，顾客就直接拒绝了他。假如你是顾客，听到这几句介绍，也一定会觉得很厌烦。

后来经过小张的了解，他知道这位顾客对花儿很有研究，他不仅自己种了许多的花儿，还对外出售。所以，当小张又来拜访这位顾客的时候，就换了一种方法。

小张："您好，真抱歉，又来打扰您了……"

小张还没说完，顾客便又拒绝了他。

小张立刻解释说："我这次来的主要目的并不是来推销我们的产品，我知道您是养花儿专家，恰好我妈妈也非常喜欢养花儿，因此我想从您这里买几盆送给她，正好再拜托您教我一些养花儿的小窍门儿。"

听完小张的这些话，顾客的态度有所缓解，带小张来到了花房。

小张："您的花房真漂亮，这么大，这么多鲜花，您可真厉害呀！"

顾客听到这些赞美的话，十分高兴，带着他参观花房的同时还热情地给他介绍养花儿的技巧。两个人越谈越投机，后来两个人还成了好朋友。

一周之后，这位顾客也从小张这里订购了一台车。

在小张第一次失败后，他没有沮丧，而是改变方法，最后在第二次和顾客见面的时候，拉近了他和顾客的距离，最后促成了订单的成功签订。

从这个案例中我们可以看到，在推销员正式推销自己的产品之前，可以适当地和顾客聊一些对方感兴趣的话题，给对方一种一见如故的感觉，这样在给对方增加对你好感度的同时，也有利于接下来进入正式的话题。

那么什么样的方式可以打造出一见如故的感觉呢？

1. 攀亲认友

通常来说，对于一个素未谋面的顾客，只要我们提前去做一下了解，我们都可以或多或少地找到一些可以牵连的关系。当我们初次见面时，巧妙地攀上这层关系，会很容易拉近双方的距离，产生亲切的感觉。

2. 扬长避短

每个人都会有优点，也会有缺点。每个人都希望别人看到自己的优点，而不希望别人关注自己的缺点。在跟顾客交谈的时候，我们可以直接或者间接地对对方的优点进行赞美，这样对方就会有一个好心情，谈话的气氛也会更轻松。

享有“销售权威”称号的霍伊拉先生的交际秘诀是：初次见面一定要发现对方的优点，避开对方的缺点。

有一次，为了帮助报社成交一则广告，他去拜访梅依百货公司的总经理。在简单的寒暄之后，霍伊拉惊奇地说道：“总

经理，您是在哪里学会的开飞机？您可以开飞机真是太厉害了！”听到这些赞美的话，总经理十分高兴，开始和霍伊拉进行了深入的交流，广告的事儿进行的也非常顺利。

3. 表达共情

用几句恰当简单的话语表达你的情意，可以对对方表示肯定、赞美或者同情，这样对方会很快接受你，对你产生一见如故的感觉。

全天候电话聊天儿是美国艾奥瓦州文波特市的一个非常有人情味儿的服务项目。在这里每个月都会有几百人使用这个电话服务。主持这个电话的专家总结出最让人们放松的一句话是："现在我和你一样感到孤独、寂寞、凄凉。"因为这句话表达了对对方充分的理解，所以才容易让人产生共鸣，戒备的心放松下来。

一个好的销售员经常会灵活地应用上面的办法，在初次见面时消除和顾客的距离感，从而让自己的销售更为顺畅。

待人真诚，让亲和的语言黏住顾客

一个好的销售员，不仅要有很高的文化修养，更应该要真诚，有亲和力，这样才能够激发顾客的购买欲望。在销售的过程中，既要用自己的观察力去发现和挖掘顾客的真实需要，同时也要学会用嘴巴黏住顾客。

弗兰克·贝特格，是美国一位有名的保险营销顾问，他说过：最关键的是拉近你和顾客之间的距离，因为这决定着你在他们心中的价值。没有亲和力的语言，是很难和客户搞好关系的。要是你和他们之间的关系很疏远，他们怎么会购买你的产品呢？

船员在细缆绳的帮助下，才会顺利地把粗缆绳抛到对岸的码头，船才能慢慢靠岸。这个过程就和销售中接触顾客是一个道理。具有亲和力的语言就好比那根儿细缆绳，做到位，顾客自然会想接近你。

小伊是一位非常优秀的女包销售员。一天，有一位女士来她们厂子里考察今年女包的样式。小伊立刻迎上前，说："看您想订购哪种类型的女包？我可以给您介绍几款。"

听到小伊的问题，那位女士头都没抬，面无表情地说道："我就是随便看看，你忙你的去吧。"听到顾客的话，小伊并没有生气，也没有离开，而是热情地说："没事儿的，哪怕您最终不买，我都会认真地为您服务的。"

然后，小伊问道："听您说话的口音，是河北人吧？"顾客依然是冷淡地回答："是呀，有什么问题吗？"

小伊高兴地说道："我也是河北人，咱们还是老乡呢！不都说，'老乡见老乡，两眼泪汪汪'吗，咱们在这里遇见，也是一种缘分呀！"

此时，顾客的语气有所缓和，她笑着问道："是吗？"

小伊看到顾客手上提着一个大包，累得满头是汗，她一边

儿接过顾客手上的包，一边儿说道："要不您先把包放在柜台这里，这么热的天气，提着太累了，我给您倒点儿水，这是女包的样本，您可以坐着喝点儿水，边喝边看。"

虽然顾客不是很想看样本，但是她看到这么热情的小伊，也不忍心拒绝，所以只好坐下来一边儿喝水，一边儿看样本。

看完样本后，顾客对一款女包还是很中意的。这时，小伊说道："这款包在南方销售得非常火爆，但是在北方销量稍微低了点儿。您要是中意的话，可以先订购30个，如果销量好再追加订单也不迟。请您放心，哪怕您只订购30个，我照样会按照批发价给您。您看怎么样？"

顾客本来只是先来考察下，并没有想直接订购，最终被小伊真诚、亲和的语言所吸引，于是决定先订购一批试试。

具有亲和力的语言是一段开场白成功必不可少的条件。当小伊面对冷淡的顾客的时候，用真诚和温暖的话语消融了顾客内心的顾虑，拉近了双方的距离，最终打开了顾客的心扉，成功地签订了订单。

一个销售员要是能够及时表达出自己的情感，真诚待人，那么顾客也会自然而然地感受到销售员的诚意，放下心中的顾虑，拉近双方的距离。

实际生活中，许多销售员受惯性思维的束缚，开场白通常使用固定的语言模式，让开场白呆板、枯燥，没有一点儿人情味儿。其实，直接大胆地把所发现的顾客的优点赞扬出来，不仅可以让开场白更真实、更有诚意，还可以快速地拉近和顾客之间的距离。

另外，当顾客面对一个素不相识的销售员时，一般会有所抵触，不会敞开心扉地表达出自己内心的真实意思，要是销售员可以做到用亲和的语言来表达出对顾客的关爱，就可以快速地让对方放下对自己的戒心。

销售就是为了卖出产品，但在这个过程中却不只局限于聊商品，而是通过你具有亲和力的语言表达出你对顾客的一种友好的感情，这样才会事半功倍。

为了让你的语言更有亲和力，对以下几个方面要多注意：

1. 语言表达要含蓄

销售过程中，直截了当地给顾客介绍产品，常常会引起顾客的反感。尽管直截了当也并不是错儿，但是要是所有的人都这样做，那么就算你的产品再优秀，顾客也不愿意和你继续交谈。

如果你换一种温婉含蓄的表达方式，用温柔的方式引导顾客，在适时的时候给予顾客一定的提醒和暗示，让顾客有主动去了解的欲望，这样才能让顾客更容易接受你。

2. 语言表达要委婉

生硬的语言，很容易让你失去顾客；要是你的语言可以委婉地表达出来，例如，在话语结尾处使用一些语气词，如“吗”“吧”“啊”等，这样表达出来的意思是一种商量的口吻，顾客受到应有的尊重，心情也更愉悦。

而如果你想向顾客传达一种否定的意思时，可以把“我认为你这种看法是错误的”改为“我并不认为你这种认识很全面”，把“我觉得你这么做是错误的”改为“我不觉得你这样做很好”，这样表达出来的语气既不会显得太直接，也给顾客留有一定的面子。顾客也会对你心存感激。

要是顾客提出的一些条件你没有办法做到的时候，可以试着提出一些新的建议，不要直接否定。比如，顾客问你：“我们这周三再继续谈一下可以吗？”你可以说：“我觉得这周五也是一个不错的时间呢。”

3. 多说“请”和“谢谢”

“请”和“谢谢”这些看起来简单的礼貌用语，有着非常

大的魔力，这些词语看似简单、常见，但是在关键时刻却是你品格的一个反映，对客户使用这些礼貌用语，不仅能体现自己的素养，还可以让顾客心情愉悦，从而帮助你取得顾客的信任，增强双方的融洽度，更利于订单的顺利签订。

要知道：如果想让顾客放下心中的顾虑，拉近双方的距离，首先要让他有宾至如归的感觉，让他感受到你的关心和热情，这样销售工作才会更简单。

SEC TION

第二章

赞美别人的方法

人人都渴望获得他人的赞美和认可，所以在人际交往中千万不要吝啬我们的赞美。赞美可以快速地拉近双方的距离，获得他人的认可和信任。在赞美的过程中，也是有技巧和方法的，得体的赞美可以让赞美的效果发挥到最好，可以快速地促进人际关系的发展。本章主要是对赞美中经常使用的技巧做了详细的介绍，让我们一起来掌握好这些技巧，做一个懂得赞美的人吧！

获得赞美是人的内心最深切的渴望

人性最强烈的渴望就是得到他人的认同。

——威廉·詹姆斯

人人都需要得到他人的赞美，这就像世界万物都需要阳光一样。能及时地赞美他人是一种高尚的品德、是一种境界，更是人际交往中的润滑剂。善于赞美不仅可以让人际关系在短时间内和谐起来，也可以快速地拉近彼此之间的距离，赞美可以激励人心，因此，在平常和他人的沟通交流上，不要吝啬对他人的赞美。在我们和陌生人初次见面时，真诚的赞美可以化解一些僵局和尴尬。没有谁是不喜欢听到别人赞美自己的，当你想要和这个人谈生意之前，如果可以先对对方表示赞赏，对方的心情就会愉悦而放松，这样，自然而然生意也更容易成功。

谈生意之前，先适当地赞美客户几句

在一次电视采访中，主持人在采访销售大师林有田的时候，问道："您觉得您哪里最厉害？"

林有田稍微思考了几秒钟，回答道："对他人表示赞美。"

"为什么这么说呢？"主持人继续问道。

"每次和顾客的第一次见面，我都有办法让顾客很快地在我面前放下戒备，比如说，对方是个好强型的人，我肯定不会直接介绍我的产品，而是首先和顾客聊一些工作上的事情，每

次当顾客聊到自己的工作业绩和成就时，我都会认真倾听，并且不断地点头同意，在适当的时机，我也会现出一个理解的眼神，甚至还会表达我的赞美，顾客听到我的赞美后，就会有我非常理解他的感觉，以至于我们双方的心理距离也就拉近很多，他也会很坦白地告诉我他真正的需求和预算，而且对我提出的建议会非常信任，促成交易的成功。”林有田说道。

根据我的观察，许多顶级的销售员也经常会靠对顾客表示赞美这一手段，快速地提高自己的业绩。通常来说，顶级销售员知道怎样挖掘顾客的特点和真正关心的事情，而不仅仅是把关注点放在产品的价格上，他们会用各种方法在交流上下功夫，利用赞扬对方的业绩或者一些引以为自豪的事情，来让顾客放下戒备的心理。

前一段时间，一家在国际上非常有名的燕京集团的杨总经理想邀请我给他们公司的三十多位经销商做一次培训，打算把两天的“巅峰销售心理学”的课程送给经销商们，作为总部对他们的支持。当我把详细的培训计划拿给杨总经理的时候，他才意识到，这次培训需要花数十万新台币，这让他有点儿不舍得，想取消这次培训，但是我只说了一句话，他便决定按照计划开启这次培训。我说：“杨总经理，业界都评价您是一位传奇的人物，说您是个既懂培训管理，又有智慧的人，这笔培训的钱刚好花在刀刃上，您这样做，不仅可以让经销商更支持您，对您表示赞赏，还可以提高他们的销售能力，销售更多的产品，这是两全其美呀！”

听完这些话，杨总经理同意了这次培训，因为这些话让他潜藏的虚荣心和利益心被彻底地打动。杨总经理听到这些话后，心中十分开心，脸上也是笑容满面，反而把价格这件事给忘掉了。

揣摩对方的心意＋弹性＝双赢

因为受教育程度的不同，不同的人的沟通或者谈判的技巧也会有所不同，但沟通的最关键点还是要理解人性。你要抓住人都需要被赞美这份儿人性需求，运用赞美的力量，就可以取得对方的信任，从而取得谈判的胜利。

世界上最难把握的就是人心，精通赞美艺术的人，常常懂得揣摩顾客的心思，等有把握的时候再出招儿。

作为一个销售员，万不可做事莽撞，做什么事情也没必要固执己见，自以为是。在出招儿之前，要从对方的语言和行为中，了解对方的真正意图，抓住对方的心理，经过总体分析后，提供给对方最需要的东西，这才是高招儿。所以，为人处世，最重要的就是要了解对方的心理。

给明太祖朱元璋的画像

我们现在可以看到的明太祖朱元璋的画像，有的“俊”，有的“丑”，那么哪一个才是他的真实面貌呢？

据说，宫廷版的朱元璋画像：脸大而方，奇骨贯顶，眉目和善，贵气逼人，胡须稀疏，皓齿明眸，身穿龙袍，仪表不凡，举止大方，有几分神似唐太宗。

而民间版的朱元璋画像就是一个活脱脱的丑八怪：脸颊凸

出，耳大如猪，立眉深目，胡须旺盛，脸上布满了麻点儿。流传下来的这样的画像非常多，说这是朱元璋的真实相貌的可能性更大。

历史学家们也为此进行了激烈的争论，尽管现在还没有确定正确的答案。我们却可以从画像形成的过程得到一些启发。

据说在朱元璋登上帝位之后，找来了丹青高手帮自己画肖像。第一个进宫的画师为人诚实，肖像画最注重的是真实，所画即所见。朱元璋看到这幅画后，看到画师竟把自己画得十分丑陋，怒火滔天，一气之下便把这位画师处死了。第二位画师见到这样的情况，害怕自己也会丢掉性命，因此便把朱元璋画成了一个端庄帅气、仪表不凡的样子。朱元璋看后，认为画上的人根本不是自己，便问道："你认为这真的是朕吗？"第二

位画师吓得瑟瑟发抖，不敢说话，朱元璋又下令把他也杀掉了。没多久，又有一位画师进宫帮皇帝画像，最终，他不仅没被处死，还得到了很多赏赐，大家听说后，都觉得非常好奇，议论纷纷，一点儿也不明白这里面有什么奥妙。

原来，第三位画师知道揣摩朱元璋的心思，在了解他非常尊敬被人们称颂为“千古一帝”的唐太宗后，他便以唐太宗的画像为样本，追求朱元璋的画像整体上神似唐太宗，而在微观上做适当的调整。最后，朱元璋看到自己神似唐太宗，有气宇轩昂，神采刚毅，也就是说自己有“帝王相”，当下十分高兴，便重赏了第三位画师。

这个故事告诉我们，在沟通的时候，我们一定要站在对方的位置上理解他人的想法，揣测对方的心思，适当地做一些妥协，才会取得最后的成功。

真诚地赞美就是美味的红萝卜

人分两种，现实主义的人非常注重外在激励，而理想主义的人则非常注重内在激励，多为理想主义者。

对于注重内在激励的人来讲，如果要激发他内在的动力，莫过于送他一根味道鲜美的红萝卜，而这根胡萝卜就是真诚地赞美。真诚地赞美是一个企业激励优秀员工的礼物，是增强他责任心，促使他努力学习新技术、新知识的动力。

1948 年《经济学人》杂志提出了“胡萝卜与棍子”理论，胡萝卜就是对员工的激励，棍子则是惩罚。一些人认为胡萝卜和棍子应该互相结合，但更多的人更倾向于多赞美，用激励代

替惩罚。尽管这种观念是半个世纪之前提出来的，但是现在仍很受许多公司领导人的重视。

要知道，真诚地赞美是对心灵的慰藉，就像是沙漠中的一汪泉水，滋润我们干涸的心灵。所以在和顾客交流之前，应该在适当的时机向对方表达我们最真诚的赞美，也要学会正确地看待真诚的赞美。

对人表示赞美，是不需要花费任何金钱就可以让人感到高兴和认同的事情，我们有什么理由不这么做呢？但是需要我们注意的是，在对顾客表示赞美时，一定要真心实意，语气真诚，内容也要不偏不离，最好是一下子就可以说到关键点上。

赞美是人人都需要的礼物，也是最能够打动他人心灵的方式，没有人会把他人的赞美拒之门外。那么我们应该怎样赞美，才能更打动对方呢？下面三点建议，不妨试试：

1. 赞美要恰到好处。一个懂得赞美的人，不会把所知道的一切全部都讲出来，而是只把最重要的、别人都能够看见的讲出来。更不会言过其实地不停夸赞，只是蜻蜓点水一带而过就可以了。要知道，最真诚地赞美才可以让被赞赏的人有“这才是最了解我的人”的想法，有和自己一见如故的感觉，这也是赞美的最高境界。

2. 赞美要适当。大多数顾客都希望听到他人对自己的赞美。但是那些虚伪的、不切合实际的赞美，反而会适得其反，让顾客受到惊吓，最终转身离开。

3. 赞美要适宜得体。在交谈过程中，顾客会非常敏感，他可以清楚地从和你的交流中感受到你是不是真的有诚意，换句话说，如果你在对顾客表示赞美的时候，对方感受到你是有目的的，就知道你的赞美是虚伪的。适宜和得体的赞美，是需要在说话上运用一些技巧的。比如，在一个有名的百货专柜上，一位男性业务员直接赞美一位女顾客的胸部发达，顾客肯定是会觉得受到了侮辱，甚至还会投诉你。尽管顾客的胸部确实很丰满，但是在说出来的时候，也应该用一些文雅的词语委婉地说出来。

现代社会，什么东西都是一应俱全的，当顾客用“已经有了”或者“别人已经提供了”这样的理由来拒绝你的时候，同样也可以运用赞美的话语说：“你说得很好！我们的确更应该关注的是珍惜、长久地使用物品，真是谢谢您！”

首先要对顾客的说法表示认可。再把和他理解的有不同的地方表达出来，希望可以和顾客互相交流，这样对方就不会固执己见，沟通也会更容易。

用真诚的话语拨动对方的心弦

针对不同的场合和谈话的对象，语言既可以帮助你建立和谐的人际关系，也可以成为伤害他人的工具。

一个人的品质可以从他的语言当中体现出来。哪怕是一个嘴比较笨的人，如果他对你的关心是发自内心的，他的言行都

可以从语言中表现出来。而如果一个人只有华丽的语言，嘴上说得好听，也可以看出他是不是真的关心我们。因此，真诚是非常重要的。

一个人平时都是随心所欲地讲话，突然让他按照一定的语言模式讲话真的会让人非常为难。没有把交际语言当作一种习惯的话，很多人用起来都会感觉用得不是很熟练，甚至觉得别扭。

待人真诚是我们在社会交往上必须具备的基本素养。为了可以每天都能够和他人愉快地相处，每个人都必须认识到语言的重要性，并熟练掌握与人交往中的语言技巧。

有这样一个故事：一个在纽约的商人一天见到一个衣着破烂的铅笔推销员，他非常同情他。于是，他直接把一美元扔进了铅笔推销员的杯中便离开了。突然，他觉得这样做非常的不合适，就立刻回去，从铅笔推销员那里拿走几只铅笔，并对他表示歉意说刚才自己忘记拿走铅笔了，希望对方不要介意。最后，他还说："我们都是商人。你是在卖铅笔，上面都有标价。"

过了几个月，在一个社交活动中，一位衣着整齐的推销商来到这位商人面前，并自我介绍说："也许你并不记得我，我也不知道您的名字，但是我永远都会记得您。您让我找到了自尊。曾经，我一直认为我就是一个推销铅笔的乞丐而已，直到你告诉我，我是一个商人。"

纽约商人简简单单的一句话，便让一个境况窘迫的人找回了自信，并且通过自己的努力取得了优异的成绩。

不论是谈生意还是劝说对手时，语言都应该真诚，这样才会更容易让对方喜欢我们，接受我们；同时也要尊重对方，并为对方考虑。这样不仅可以得到对方的感激，还可以受到对方的信任，从而让合作更顺畅地进行。

当年的松下电器公司还只是一家小工厂，松下幸之助作为公司的领导人，每次都是亲自推销自己的产品。在遇到那些杀低价格的高手时，他会说："我的厂子规模较小。在炎热的夏天，工人的工作环境更是炙热，大家汗如雨下仍旧努力工作，这些产品饱含了我们所有工人的心血，按照正常的利润计算……"

对手一直盯着他的脸，听着他的述说。听完以后，笑着说道："我可真是佩服你，一般卖家遇到有人杀价的时候，会有很多的话儿。但是听到你说的，每一句话都合情合理。那就这样，就按照你说的买吧。"

松下幸之助之所以成功，首先要归功于他说话的态度，他既强调了自己是按照正常的计算利润的办法来确定的价格，自己并没有为了多挣钱而乱定价，同时也告诉对方这已经是最低的价格了，没有还价的余地了。这便引导对方重新思考，最终达成了共识。

松下幸之助的语言带有强烈的感情，他把工人劳动的艰辛与不易，用生动形象的语言表达出来，其语气真挚、自然，这样对方自然也会对此深有所感。

就像对方说的一样，松下幸之助所说的"每一句话都合情合理"，这样对方已经产生共鸣了，接受这个观点自然就更容易。

一个人能不能成功，在很大程度上受到他为人处世的影响。一个会说话的人，并能灵活地运用说话技巧和处世方法的人，会建立良好的人际关系，他的人生也会更加精彩。

巧妙恭维，不露痕迹

当有人恭维自己的时候，我想很多人都会觉得很高兴，事实也确实如此。但关键是，恭维一定要巧妙，不要露出痕迹，要做到恰如其分，被恭维的人就会既满足又高兴。那么怎样才能做到不露痕迹地巧妙恭维呢?

1. 发现对方的兴趣点来恭维

恭维他人最重要的是要了解对方的喜好、习惯、脾气和性格，这样才能更好地揣测对方的心理，选择对方真正感兴趣的事儿来恭维，对方会有正合我意的欢快感，这样才能让恭维达到最好的效果。

在外交史上有这样一个故事：日本的一位议员要去见埃及总统纳赛尔，因为他们两个人不论是在性格、经历、生活志趣，还是政治抱负上的差距都很悬殊，因此，总统对会见这位日本议员并没有表现出多大的兴趣。

日本议员为了不负众望，和埃及政府搞好关系，在会面之前做了全方位的分析，最后他决定采用套近乎的方式来打动纳赛尔，达到会谈的目的。两人的谈话如下：

议员："阁下，在我们日本不管男女老少，对尼罗河和纳赛尔都是耳熟能详的。我与其称呼阁下为总统，不如称呼您为上校，因为我曾经也是一位军人，也同您一样，和英国人打过仗。"

纳赛尔：……

议员："英国人骂您是'尼罗河的希特勒'，而我也被他们骂为'马来西亚之虎'，我曾经拜读过您的《革命哲学》一书，还把它和希特勒的《我的奋斗》相比较，我认为希特勒是崇尚实力的，阁下您则是非常幽默的。"

纳赛尔兴奋地说："哈哈，那本书是我在革命之后的三个月匆忙完成的。正如你所说，我除了实力之外，还很重视人情味儿。"

议员："对呀！我们军人也要有人情味儿。我在马来西亚的战争中，一直随身带着一把短刀，不是为了杀人，而是用来保护自己。阿拉伯人为了独立战争，同样属于自卫，就像是我当初带的短刀一样。"

纳赛尔高兴地说："阁下说的实在是太棒了，欢迎你以后每年都来我们这里。这时，日本议员也开始了关于两国关系和贸易的正式谈话，最后愉快地合影留念。日本议员套近乎的方法有了非常神奇的效果。

这段会面一开始，日本议员便称呼总统为上校，这样对方的级别便降低了很多；被英国人骂，本身不是一件光荣的事情，但对于一个军人，尊崇武力、并在自由战争中获胜的纳赛尔来说，却是引以为傲的。如果不具备像希特勒一样的实力和手腕儿，不具备幽默和人情味儿，自己怎么会从一个上校成为现在的总统呢？然后，日本议员又以纳赛尔写的《革命哲学》为话题，赞扬了他的实力和人情味儿，并深层次地对阿拉伯这场战争的正义性表示称赞。这不但让纳赛尔非常认同，而且他对此也是十分感兴趣，这样议员的话便有了显著的效果。

在袁世凯窃取了中华民国临时大总统的权力后，每天都梦想着有一天自己能称帝，有一次在白天，他便在床上做起了美梦。这时，正好有个婢女端来参汤，打算让袁世凯睡醒后享用，却一不小心把玉碗打碎了。婢女知道自己遇到了大麻烦，被吓得脸色苍白，手脚不停地哆嗦。这只玉碗可是袁世凯在朝鲜王宫那里得来的宝贝，非常喜欢，当初都没舍得进献给老佛爷，现在被摔碎了，肯定是难逃一死。正当她害怕地想要自己了断时，袁世凯睡醒了，他看到碎了一地的玉碗，顿时怒火滔天，气得大叫道："今天我非要了你的小命不可！"婢女吓得急忙哭着说道："不是小人的过错，实在是有原因我不敢说！"

袁世凯骂道："你尽管说出来，我倒要看看你能编出什么瞎话来。"

婢女说："小人给您端参汤进来，但是见床上躺的不是大总统您。"

"混账东西，床上的不是我，还能是谁？"

婢女急忙说道："我看到……看到床上躺着一条五爪大金龙。"

袁世凯听后，认为自己是真龙转世，自己日思夜想的正是皇帝的宝座，不禁喜从心来，不仅一点儿怒气都没了，还赏给婢女一沓儿钞票。

婢女在生死存亡的时刻，仅运用了一句巧妙的恭维话，不仅保全了性命，还得到了许多赏赐。

日本有名的心理学家多湖辉先生在一本书中写过这样一个例子：一位杂志社的记者去采访一位在当地颇有名望的财经界人士。刚一见面，就对对方高明的经营手段和头脑表示了称赞，以此想来打探出他成功的秘诀。但因为这是他的首次登门拜访，很难接触到问题的实质。

这时候，这位记者却把话题转开，说："我听说您平时很喜欢钓鱼，也是一位钓鱼高手。正好，在下对钓鱼也十分感兴

趣，不知道您可以给我介绍些这方面的经验吗？”那位大人物听后，顿时非常高兴，便对他滔滔不绝地讲起钓鱼来。最后的结果不用说，这次一定是非常高兴的一次见面，然后再来采访这位大人物的时候就方便了很多。

这位大人物，因为经常听到别人对自己经营方面的赞颂，所以已经不足为奇了。而记者却从大人物喜欢钓鱼这一方面入手，让他放下了戒备，最后顺利地达到了自己的目的。

从这个事例中，我们可以明显地看出恭维的显著效果，巧妙地恭维可以自然而然地促进人际关系的交往。

2. 说内行话

当我们到大型商场逛的时候，是不是经常看到这样的情景：最初销售员和顾客在产品质量、样式或价格上争得很激烈，但当销售员改变战术，夸赞顾客对商品有丰富的认识和经验时说：“女士！您真是一个懂行的人，看来我得好好向您请教一下！不管您最终买不买我的衣服，我也会学到了很多知识！”说来也奇怪，当售货员这么恭维顾客后，顾客便不在价格、款式、样式上纠结，便直接买下商品了。

喜欢被人称赞是人性使然。一个人既想客观地认识自己，又想听到他人对自己的称赞。当一个人听到他人对自己优点的肯定，就会觉得自己得到了他的认可，产生“自己人效应。”心理学家认为，心理上亲和，是他人开始接受你的意见的开端，也是转变态度的一个开端。

如果想在适当的时间对他人表示恭维，那么你就必须要“懂行”。“懂行”实际上就是能抓住要赞美的事或物的本质，不说外行话，让对方感觉你很在行。很多人常常犯外行上的错误，不管看到的是什么，只是一味地说好。有的明明不懂，却装出一副很懂的模样，对实质内容也只是知道个大概，说不到要害，一点儿可信度都没有。我们经常在书法展览会上听到这样一些赞美的话：“这字写得真不错！”可当你问他究竟是好在哪里时，他却说不出个所以然来。这样的称赞，实在是没有一点儿意义。现代社会，分工更细，各个专业也是相对独立的。要是一个人的知识面较窄，在面对自己不熟悉的事物时，肯定知之甚少，很难找到赞美的话来。

所以，我们首先要做到的是在自己从事的这行要有所造诣，这样你的赞美才会被内行人所接受，把你看作为自己人。其中，适当地运用专业术语便是一种技巧。俗话说，每一行都有每一行的行话。曲艺中有吹、拉、弹、唱；相声中是说、学、逗、唱；围棋中是边、角、星、目、中腹、收官等；书法中是筋、骨、神、锋，这些都是在各自领域中的“行话”。在特定的场合下，用这些专业术语来赞美人，人们才会觉得你的赞美更真诚。

另外，内行的赞美还要做到眼光敏锐、见解高超。这样你就可以发现别人看不到的优点和意义。比方说，对同一幅书法，大部分人都会赞叹：“真是太棒了！哪怕我再练习十年也达不到这样的境界！”书法家对这样的恭维，耳朵早就听出茧子了。但有一个人慢慢说道：“老话说，字如其人。您的字刚劲有力，下笔沉稳，这和您刚直不阿的品质，沉着老练的处世态度是分

不开的。”见字如见人，合情合理，换一个角度，听到焕然一新的赞美。在我们身边有才华的人不在少数，有的人有能说会道的口才；有的人能写一首妙笔生花的文章；有的人喜爱发明制造；有的人表演技能超高……这些才华都有很高的赞美价值。俄罗斯有句谚语“有才能的人就在于了解别人的才能。”这句话的意思是，如果想要让赞美别人的话语达到预期的效果，你就要善于发现和挖掘他人身上的优点，对于人际关系的发展具有重要的作用。

3. 赞美要巧妙

最成功的恭维就是要做到不显山不露水，让人发觉不到你是在故意赞美，既能够抬高他人，也不会贬低自己。会赞美和恭维他人是一个经商者应该具备的最基本的素质，经常有人说“经商者全都是油嘴滑舌的”，也是有道理的。例如，一个成功的售货员，不仅要了解自己的产品，更得会识人，可以在短时间接触内，就能揣摩清楚顾客的心理。在卖衣服的时候，假如顾客身材瘦小，可以拿大一号的衣服给他试试，当顾客说衣服太大的时候，就可以故作惊讶地说：“不会吧！我可一点儿都没看出来呀！”这样无形中就忽略掉顾客的弱点，然后他也会心满意足。这种不露痕迹的称赞，尽管是奉承，但是顾客听到后，既不会觉得虚伪反而会很高兴，不失为一种高明的赞美方式。

南朝齐代有一个叫王僧虔的有名书画家，他是晋代大书法家王羲之的四世族孙。他的行书、楷书继承祖法，有很深的造诣，而他的隶书也是非常飘逸。当朝的皇帝齐高帝萧道成是一个自以为了不起的书法高手，很不喜欢听到别人说自己的书法不如他人，因此王僧虔处处小心，不敢表现出自己的才能。

有一次，齐高帝萧道成想要和王僧虔比试一下看谁的书法更出色。

于是君臣二人分别写了一幅字。写完后，齐高帝高傲地问王僧虔：“你觉得我们两个的书法，谁比较高？”如果是一般的臣子，肯定是回道：“陛下第一”，或者“臣不如也。”但是王僧虔却不愿意贬低自己，也不愿意违心回答自己的书法很明显高于齐高帝。但是他也不敢得罪齐高帝，这应该怎么办呢？王僧虔转念一想，便自信地说道：“臣书，臣中第一；陛下书，

帝中第一。”

王僧虔巧妙地把臣子和皇帝的比赛分成“臣组”和“帝组”，并加以评比，说“皇帝是帝组的第一”，这样既满足了齐高帝第一的欲望，让他倍感有面子，还维护了自己的荣誉，让齐高帝对他更加佩服，认为他不是一个溜须拍马之人。

结果也确实如此，齐高帝听后，大笑起来，并没有追根究底两人究竟谁的更好。

4. 善于发现别人身上容易被人忽略的优点

赞美他人是件很好的事情，但却不是一件容易的事情。戴尔·卡耐基曾说：如果你不喜欢一个人，有一个特别简单的办法可以改变这种情况，那就是发现他身上的优点。当你发现了别人的“优点”或“长处”，你就会重新看待这个人，他也会更加努力工作。所以，一个成功的人肯定是一个好的“发现者”。

一个事业有成的女人，如果你赞美她有才华，有能力，有魅力，因为她每天都可以听到这样的赞美，所以你再怎么夸，她也不会有什么特殊的感觉。但是，当你对她说道：“你的眼睛长得真漂亮，不管你是坐着、站着还是在走路，真有风度，我是想学也学不像。”她肯定会非常高兴，觉得你是一个有发现力的人。

1960 年，法国的总统戴高乐去美国访问，有一天，尼克松为他举行了宴会，会场上，在一张马蹄形的桌子中央有一个漂亮的鲜花展台，色彩艳丽的热带花朵后面映衬着一个精致的喷泉，这是尼克松妇人花费颇多心思布置的。

当戴高乐看到女主人为欢迎自己的精心布置时，不假思索地赞叹道："女主人为了这次宴会一定花费了许多时间和精力布置出这样精致、漂亮的会场。"

尼克松夫人听完后非常开心。

事后，她说道："很多来访的大人物不是没有注意到，就是认为没必要为此向女主人表示谢意，但他却总能想到并且讲出来。"

大人物们也许认为，尼克松夫人所做的本就是她分内的事情，并没有什么值得拿来感谢的。但戴高乐将军却能发现这其中尼克松夫人的心思，并因此向她表示了肯定和谢意，这也让尼克松夫人非常感动。

所以，在赞美他人时，最好就是发现他最不明显的，或者是连他自己也不曾注意到的优点。因为，显而易见的优点，在他自己心中，已经是熟视无睹的了，你的称赞并不能对他有所触动，甚至会招来他的反感；而那些隐藏的优点，因为很少甚至没有被人发现过，就显得非常珍贵了。当你对其表示赞美的时候，对方不仅可以重新地认识自己，也可以让对方更加自信，与此同时，你与众不同的观察力也会让对方更加亲近你。

5. 赞美词要恰当

生活中，不是所有人的口才都很好，很多人在赞美他人的时候，经常没办法"美"起来。一些人说话拘谨、不自然，不仅自己感到别扭，听到的人感觉更别扭。他人的赞美，不仅不会让人觉得高兴，反而让人觉得是种惩罚。一些人说起话来口

若悬河，甚至是胡言乱语。这种人的赞美张口就来，让人感受不到一点儿诚意。一些人因为口才不好，言不尽意，反而让被赞美者觉得非常尴尬。

几个中学同学到张晓家做客。张妈妈十分高兴地和他们聊起来。

当听到大家大学毕业后都找到一份儿很好的工作时，张妈妈既为他们高兴，又羡慕，便叹了口气说道："你们这群孩子，真是好！个个都是花言巧语，真讨人喜欢。看看张晓，不会来事儿，毕业了到现在还没找到工作。"

大家听完张妈妈的"称赞"真的是哭笑不得。大家都明白，张妈妈本来是在夸他们，但是一句"花言巧语"却让夸赞的话语来了个大转弯。尽管大家都知道张妈妈文化水平不高，不知道从哪里知道一个连自己都不太懂的词语，但却是让他们不知道如何接话。

拙劣的夸赞就像是坏掉的喇叭，让本身优美的旋律变得非常刺耳，既不能起到打动、感染人的目的，反而会让人感到尴尬，甚至生气。

在一次管理会上，一位报告人登台演讲。这时候，主持人有些惊讶地介绍道："刘女士，这些年，在销售部门的工作非常出色，也算是有点儿名气了。"

这最后一句话，怎么听都让人觉得不舒服，什么是"也算是有点儿名气了"呢？

赞美的时候如果用词不当，会让对方认为你是在贬低或侮辱自己，最终的结果肯定也是不欢而散。因此在表扬别人的时候一定要言必由衷、措辞准确，一定把握好下面几个原则：

1. 在夸赞对方的优点或业绩时要抓住重点，比如向他人介绍自己的销售员的时候，着重介绍他的“销售能力”等特点。

2. 赞美对方的时候不要暗含对方的缺点。如，“太棒了，你终于在经历多次失败之后成功了一次。”

3. 赞美的时候不要说自己曾经不相信对方可以取得今日的成绩。如“真是没想到，你竟然能成功”或者“你能有今天的成功，恐怕你自己都没想到吧！”

总而言之，在赞美他人的时候，一定要斟酌用词，不要引起一些不必要的误会。

学会间接赞美

直接称赞他人固然很好，但如果用词不当，很有可能变成曲意逢迎，留给对方一个不好的印象，抑或让大家认为你太露骨和肉麻。假如你对直接赞美他人没有自信，那么就可以使用间接赞美的方法来表达自己对某一类人或物的称赞，也会有意想不到的效果。这样不管你使用什么样的词都不会太露骨和肉麻，而且还不动声色地赞美了他人。

间接赞美有下面三种形式：

1. 以面带点赞美。实际上就是不直接称赞对方，而是根

据对方具备的优点，称赞其优点所在的层面，这样以面带点，虽言他而意在此，天衣无缝，但是却能让对方心情愉悦。

小说《围城》里的方鸿渐就是一位巧妙赞美的高手。他通过苏小姐的介绍认识了苏的表妹唐晓芙，唐晓芙介绍自己是学政治的，这就让方鸿渐了解到一个重要的信息。通常来讲，女孩儿学政治野心较大且为人没有灵气，所以苏小姐夸赞道："这才厉害呢，你将来会是我们的统治者、女官。"方鸿渐从她的话语中发现了潜在的优点，并大肆渲染："女人本来就是天生的政治家，真真假假，以守为攻，这类政治手段，女人天生就会。女人学政治，那正是用后天发展先天，更加如虎添翼了。我记得有这样一种观点，是说男人有思想创造力，女人有社会活动力。因此，女人更适合做男人在社会上做的事，而男人最好就是在家里研究新发明，创造新艺术。我觉得这些话说得非常有道理。女人没必要学政治，但是要想成为一个成功的政治家，就必须学女人。政治舞台上的戏剧都是反串的。俗话说的话，齐家治国平天下，而实际上有几个男人会管理家务？管家依靠的还是女人，而男子则说什么大丈夫要治国平天下。把国家社会交给女人有哪些好处。"唐晓芙听完方鸿渐这些话，心中十分高兴。很显然方鸿渐的这些话起到了间接赞美唐晓芙的作用。

2. 借用第三者的口吻称赞对方。在大多数人的思想观念里，"第三者"说出的话一般都是公平、真实的。所以，用"第三者"的口吻来称赞对方，更能让他人对你产生好感。

1997年，金庸和日本有名的文化人迟田大作有一次谈话，这次谈话内容后来还被整理成书出版。在谈话的一开始，金庸就显示了谦虚的姿态："尽管我和会长（指迟田）谈过世界上有名的人的水平都不同，但是我很高兴可以和您对话。"池田大作听后立刻说道："您真是太谦虚了，我深深地感觉到了您身上的'大人之风'。在您这72年的人生中，这种'大人之风'一直追随着您，您的一切都是值得我们记住和学习的。"池田请金庸用茶，继续说道："就像大家说的那样'有中国人的地方，一定有金庸的大作，先生能有这样的名气，这绝对表明您是名不虚传的中国文学巨匠，是位于亚洲文学顶峰的大文豪，而您在香港又是世界'繁荣和和平'的代表，真是当之无愧的'笔的战士'。《春秋·左传》云：'太上有立德，其次有立

功，其次有立言，是之谓三不朽。’让我来说，先生所创造出来的精神财富是真正‘不朽’的。”

这里池田大作就是运用了“第三者”的言论来赞美金庸，“有中国人的地方，一定有金庸的大作”“笔的战士”“太上……三不朽”等，这些都是舆论或者经典著作中的言论，借助这些来表达对金庸的赞美，既显得公正，又让对方得到了心理满足。

3．背后赞美。《红楼梦》中有这样的描写：史湘云和薛宝钗都劝说贾宝玉入朝为官，贾宝玉对此十分讨厌，便说道：“林姑娘从来没有和我说过这些混账话！如果她要和我说这些，我和她也早就生分了。”正好黛玉听到了宝玉夸赞自己，“不觉又惊又喜，又悲又叹。”结果宝黛二人互诉肺腑，感情更加深厚。

黛玉认为，宝玉在湘云、宝钗面前称赞自己，自己不会知道，这种称赞不仅是难得的，更是真心的。如果宝玉在自己面前说出这些话，那么他很有可能是在讨好自己。

因此，在背后称赞的效果远远要比当面恭维的效果好很多。当我们当面称赞的时候，难免会有点儿奉承、巴结的意味，这样正面称赞的效果就会大打折扣，甚者还会有反面效果。而当我们在背面称赞时，大家就会认为我们是真心地、发自肺腑地称赞，这样别人才会承情，才会对我们表示感激。另外，如果直接赞美不能让对方心满意足，但是赞美得太多又会让人觉得是奉承讨好，那么在背面赞美就可以化解这些矛盾。通常，我们在背后赞美他人的话，是很容易传到对方耳朵里的。

赞美要因人而异

人人都愿意听别人赞美自己，但是赞美也要讲究方式方法，对待不同的人，赞美的方式和话语也要有所差别。

1. 不同的人要从不同的方面赞美

谁都有希望，年轻人把希望寄托在自己身上，老年人把希望寄托在儿孙身上。年轻人有广阔的发展空间，要是你能在赞美的时候举例称赞他将来成就非凡，他一定会非常开心，把你当成自己人。但如果你称赞他的父母多么优秀，他就不一定这样高兴了，最起码你要说虎父无犬子，把他和他的父母一起赞扬，才正中他的心意。

但是老年人就不同了。他自己年纪大了，一生经历了很多，他对于自身不会再抱有多大的希望，更多的是把希望寄托在自己的儿孙身上。假如你说他的儿子为人聪慧，是个不可多得的人才。尽管他嘴上一直说："哪有这么优秀"，但是他的内心却像喝了蜜一样甜。

对于经商者，要是你夸赞他有学识，有道德，为人清高，他肯定不为所动。但是如果你说他管理能力强，有魄力，今年肯定发大财，他听后一定会心花怒放。

2. 赞美老人时一定要有的放矢

中国是一个礼仪之邦，尊敬老人是我们一直恪守的优良传

统。长辈们生活的时代、环境以及他们的人生经历和我们都有差异，因此性格和习惯也会有所不同。称赞老年人时，一定要抓住特征，有目的夸赞。

老年人把一生都奉献给了社会，在他们记忆的深处，有许多让他们骄傲的东西。只要把握住老年人的认同心理，以赞美老人一生的贡献为切入点，就可以顺利地和老人沟通。

小华的爷爷是一个老革命，他是1945年参军的，在抗美援朝的战场上曾经俘虏了一个排的敌军，还获得了一级战斗英雄的荣誉。爷爷给小华讲得最多的就是在朝鲜战场上发生的故事，每当讲到他利用计策把敌人骗得晕头转向的时候，爷爷就变得神采奕奕。爷爷给小华讲了几百遍了，但从来没有说过自己曾经的战功。随着爷爷年龄的增长，爷爷更加怀念曾经和战友一起的日子，因此，爷爷常常陷入深思，人也变得苍老了许多。小华见到爷爷这种状态，非常担心，想尽办法逗爷爷开心，但总是没有什么好的效果。小华想到爷爷讲当初自己在战场上的神情，于是开始有意识地引导爷爷谈论在战场上自己是如何杀敌的等一些内容，一说起这些，爷爷立马有了精神，滔滔不绝地讲起来，最后讲到了那次战役。在那次战役中，爷爷的好多战友都牺牲了，让他感到不安，只要闭上眼睛，他的战友就好像在他眼前。小华为了消除爷爷心中的悲伤，更是为了满足爷爷成就感的心理需要，在这个时候适当地称赞了爷爷一番。从这儿以后，爷爷不再每天精神恍惚地坐着了，而是每天锻炼身体，把自己当年英勇杀敌的故事讲给小朋友们听，还抽空儿去看望自己曾经的战友，晚年生活过得非常快乐。

需要我们注意的是，老年人常常向年轻人证明自己的一生有过许多的荣誉，有着许多值得回忆的美好，其实是因为他们内心渴望获得更多的赞美。因此，在和老年人交流时，我们要尽量学会去称赞他们。

红红的新裙子穿着非常宽大，细心的姨妈看到后，趁着大家午饭的时间，姨妈赶紧把红红的裙子改了下，改好的裙子穿在红红身上非常合适。红红高兴地说道："姨妈的手干活儿又巧又快。看，这裙子经过姨妈一改可真漂亮！"姨妈听后十分高兴。

赵霞两口子经常去父母家吃饭，每次他们来，赵霞的妈妈总是准备几个他们两口子爱吃的菜，并乐在其中。她认为，儿子和儿媳回家吃饭，家里才更有生气。赵霞的媳妇每次回来吃饭，常常夸婆婆做的菜好吃。

"妈，还是您做的菜好吃，昨天我们单位同事聚餐，花了不少钱，那菜可比您做的差远了。妈，您做的菜这么好吃，我又吃多了，这样下去，可怎么减肥呀！"

赵霞妈妈听到儿媳妇的话笑得合不拢嘴。

由此可见，什么时候称赞老人都可以。老年人比其他人更渴望得到赞美，这样他们才会感觉到自己的价值。

另外，每一个老年人对年轻人都有着爱护之心。

琪琪的爷爷退休在家后，每天亲自带着自己的小孙女。早上带她去锻炼，晚上带她去散步，就是平时琪琪上学、学跳舞、

学书法都是爷爷亲自接送。

琪琪在学习上遇到什么困难，爷爷也总是耐心地教他。在爷爷的关心和教育下，琪琪成了一个有礼貌、爱学习的好孩子，大家都夸赞琪琪的爷爷教育有方。琪琪的爸爸更是把这一切看在眼里，记在心里，平时也更关心爷爷的生活，琪琪的妈妈对爷爷也是关怀备至。一天，琪琪的爷爷生病了，爸爸请假在家照顾爷爷，爷爷一直劝说爸爸让他去上班，说自己没事儿。但琪琪的爸爸对爷爷说道："您老人家每天花费那么多心思在琪琪身上，比任何一个爷爷做得都要好，现在您生病了，本来就应该好好照顾您，我请一两天假，不耽误工作的，我也只是想向您尽我的一份儿孝心。"爷爷听后十分感动。

大部分老年人都非常宽厚，可以理解年轻人。年轻人对老年人的赞美，没必要说得太多，只要用真诚的话语说出关键点，赞美的效果也就达到了。在称赞老人的时候，我们也要注意慎重地选用赞美词，对于不同的人要选择适合的赞美词，这样才会达到赞美的真正目的。

马相伯是中国近代的一位爱国百岁老人。在他八十岁大寿的时候，他的门生、弟子如蔡元培、章太炎、于右任等人都纷纷赶来给他拜寿。人们送的寿联上大都写着"寿比南山""松鹤延年"等祝福词。唯独他的小孙子称赞他是"童心不泯、童趣横溢、童思敏捷的老少年"。这让马相伯异常开心。这一事情也很快被人们口耳相传，人们亲切地称他为"百岁少年"，而他也经常以童心不泯自娱自乐，而且还自豪地说："做一个充满童心的老小孩儿也挺好，只有这样，才可以和孩子们想的一样，如果岁数太大，一副老态龙钟的样子，那还怎么能理解孩子们呢？”

在这个案例中，马相伯的小孙子了解了爷爷平时的心思，在爷爷的寿辰上对爷爷进行了一番称赞，让马相伯心情大悦，非常高兴。而马相伯的孙子之所以能把赞美的话说到马相伯的心坎儿上，得益于自己对爷爷的了解。如果马相伯是一位不苟言笑的老人，这样的称赞显然是不适合的。

对喜欢开玩笑、心胸开阔的老人，在谈笑风生或者嬉笑怒骂中都可以赞美老人，哪怕用词稍微夸张，只要词能达意，老

人一样会开怀大笑。但对于那些严肃的老人，称赞的时候选词就要慎重，要做到实事求是地赞美，赞美之词要简单明了，不可有歧义。虽然也可以委婉地赞美，但是千万不能和他们开玩笑，否则的话，老人会认为这是你不尊重他。总而言之，赞美老人，一定要根据老人的性格，适当地选择赞美的话。

3. 赞美年轻人时一定要把握其心理

不管你是什么年龄段的人，只要在社会交往中，都不能避免要和年轻人打交道。年轻人通常都是刚步入社会，他们社会经验匮乏，脾气易冲动，做事也是马马虎虎，他们希望自己的付出能够得到大家的赞扬，他们拥有前卫的思想，内心渴望平等；他们有活力，有激情，敢想敢干，有热情，有冲劲儿。了解了年轻人具备的这些特点，我们在和他们交往的过程中，就要善于把握他们的心理，适时地称赞他们。

李杨在一家新闻单位担任节目制作人一职，最近单位新增加了一个新闻专题栏目，台领导便分派两个刚毕业的大学生做他的助手，李杨在该新闻单位工作了 30 年了，经验丰富，工作认真负责，在工作中他对自己的要求非常严格，因此他也用这一标准来要求两个大学生。由于二人刚参加工作，对业务不是非常熟练，因此经常遭到李杨的批评。因此，两人每天努力学习，快速地掌握了工作中的技巧，工作上出的错误也是在逐步减少。但是，在李杨看来，他们做得还是不够完美，经常为此批评他们，这样下来，李杨和两个年轻人的关系也越来越差，最后的结果是：李杨要求换人，两个年轻人也要求调换到其他节目组。所以，领导便给李杨重新调来两个年轻人，但是李杨秉承的还是之前的做法。两个年轻人因为听说李杨对工作要求非常高，因为害怕批评，工作时经常走神儿，节目的质量也是不太乐观。台领导为此对李杨提出了批评。李杨便把气撒在两个年轻人身上，就这样，李杨的节目组来回换了几次人，但工作成绩却没有。

台领导分别找李杨和那几个年轻人谈了话，明白这其中的问题后，如实地告诉李杨。台里又给李杨调来了两个年轻人，这次，李杨吸取教训，一改之前严厉的态度，热心地教他们熟悉业务，并真诚地称赞他们的进步。三人相处得十分融洽，工作效率也有了很大的提高，他们的栏目在年度总结会上也被评为优秀组。

从这个案例中我们可以看到，李杨因为不懂得年轻人需要成就感这一心理，只对他们提出批评，自认为这样可以促使他们进步，结果却不尽如人意。因为没有处理好同事之间的关系，工作也受到了影响。是台领导和李杨的谈话，让他意识到自己的问题，于是李杨对新派来的年轻人变换另一种态度来相处，对两个年轻人的进步表示赞扬和肯定，这样他们在工作中相处得更融洽，自己的节目组也获得了相应的回报。

通常情况下，工作中的长幼关系常常是上级和下级的关系，这种关系其实更加复杂，因为你既是一个长辈，也是一个领导，那应该怎么赞扬作为下级的年轻人呢？

首先，要有长辈的风度，也应该有领导的度量，能够利用

自己多年的经验和阅历，和年轻的下级相处融洽。

其次，在称赞下级时，要同时结合所在行业的一些特性以及全方面考虑年轻下属的性别、个性和知识层次。

李然是某县委领导，为人豪放爽直，很有男子汉的风范，说话也从来不避嫌。县委办公室里有三个女秘书，她们工作能力出众，李然也经常称赞她们，但是不管李然怎样夸赞她们，她们和李然的关系都不是特别亲近。原来是，李然在赞扬她们的时候经常使用一些不文雅的夸赞词语。尽管办公室的老同事对这些都见怪不怪了，但是这却让三个刚毕业的女秘书觉得非常不舒服。李然从没考虑过这方面，因此，三个年轻的女秘书才有意避开他，这使得李然也感到非常的不理解。

有一次，他发现刚称赞一位秘书“工作报告写得真好，真是太牛了。”还没说完，秘书就赶紧找理由离开了，他非常郁闷。后来，他在其中一个女秘书给他汇报工作的时候，连哄带骗才弄清楚具体的原因。从此以后，他在称赞这些年轻的下级的时候，很注意自己的措辞，如此他和她们的关系也缓和了很多，工作中也相处得很愉快。

在领导称赞年轻的下级的时候，要同时考虑下级的性别和个性。对于性格爽直的人可以直截了当地称赞，而对于那些性格内向的下级，就要稍微委婉一些。另外，还需要考虑被称赞者的文化程度，对不同的职位、不同的人也要使用不同的称赞语言。赞扬知识丰富的员工就要赞扬他们博览群书、才华横溢，不能赞扬得太粗俗；赞扬保安或者清洁工时就不能太高雅，而是赞扬他们工作负责、无私奉献，要通俗易懂。通常年轻人受到领导赞扬后，不管是对他们的工作能力、工作态度或者是工作成绩的肯定和称赞，他们都会得到心理的满足，这也会促使他们更加努力地工作。生活中年轻人也时常得到老年人的称赞，因此，作为老年人应该掌握如何恰当地称赞年轻人的一些技巧和方法，这样的称赞才会有效果。

年轻人爱面子，也喜欢听到鼓励自己的话，假如老年人经常在邻里之间称赞晚辈孝顺，那么两代人的关系肯定融洽，因为年轻人为了维护自己的形象，会一直好好地对待老人。

另外，因为年轻人阅历较少，一时很难做出优异的成绩，所以，老年人在称赞他们的时候，要尽量使用一些没有特定标准的称赞语言。

毛泽东说："你们青年人朝气蓬勃，好像早晨八九点钟的太阳，希望寄托在你们身上！"多对年轻人表示鼓励、表示赞扬，这样他们才会有足够的动力向着健康的方向发展。

4. 针对不同的职业来赞美

称赞一个人也要考虑到被称赞者的职业。对于文化人，你如果赞扬他学富五车、妙笔生花、淡泊名利，他内心肯定开心。对方从事什么工作，你就赞扬什么。先了解一个人的职业再去称赞他，这是非常有必要的。这样可以为你形成良好的人际关系打下坚实的基础。

每个人都希望得到他人的称赞和认同，但是不经意的赞美却并非易事。

首先要先了解对方的心理，发现对方最想要的赞扬，这样他会认为你是因为了解他才真诚称赞的。

比如说一个美发师在看到顾客的头发是自来卷儿时，说："你这一头天生的自来卷儿，不用烫就有波浪，可真是让人羡慕。"顾客本身为这一头的鬈发感到烦闷，但是在听到美发师发自真心的赞美，心中也会非常高兴，从此，每次做头发都来找他。

又如同事之间的恭维："领导们都很欣赏你的工作能力。"被恭维的人肯定是希望自己的能力得到大家的重视和认可，当得到鼓励的时候,肯定会在工作中把自己的才干全力发挥出来。作为一个上司要明白员工努力工作并不一定是为了升职，他更希望自己的能力得到大家的认可，所以，适当地鼓励，可以让他知道自己是被重视的，他就会更开心，更努力工作。

在生活中，有很多不懂得恭维的人，经常是弄巧成拙。

有一天，法国的大作家大仲马到全国最大的书店去了解自己作品的出售情况。书店老板得到这个消息后，想让大仲马高兴一下，便在书架上摆满了大仲马的书。

当大仲马来到书店，看到只有自己的书，惊讶地问道："别的书都去哪里了？""别的书，都被卖完了。"

很明显，这位老板弄巧成拙了，本想恭维大仲马，结果却背道而驰。

如何用赞美拉近你与陌生人之间的关系

在社交活动中，我们经常和陌生人打交道。赞美是最简单的拉近和陌生人关系的方法之一。对陌生人表示赞美，有利于缩短和陌生人之间的距离，获得陌生人的好感，提高交往的效果。

但是，赞美要有目标。在称赞陌生人之前，要对被赞美者有一定的了解。俗话说得好，言为心声，首先要观察被称赞者的言行举止，根据口音来判断他是哪里人；如果你是一个阅历丰富的人，也可以从中判断出他来自哪一个省份；通过被称赞者的言谈，也可以捕捉到他的一些职业信息；通过观察他的表情，也可以判断他的喜好，或者对什么有兴趣。在对被称赞者有了这样的了解后，你的称赞就会有的放矢，就可以通过对他

的赞美来吸引对方的注意力，激发他的兴趣，最终达到赞美的目的。

正所谓“酒逢知己千杯少”，两个谈得来的人在一起总有说不完的话。所以，在我们和陌生人交往的时候，可以先在双方都感兴趣或者其他一些相同之处等方面寻找话题，获得对方更多的信息，快速拉近距离，获得对方的好感。

张风是一位铁杆儿球迷，经常为了销售和看球赛而奔走在南来北往的车上。一次，在去深圳拜访客户的火车上，他的邻座是一个有着浓重山东口音的小伙子，闲着也没什么事儿，张风就和他聊了起来。在得知小伙子是山东人的时候，张风便故作惊讶，接着就对山东人的豪放、讲义气大加称赞，并表示自己有好几个山东朋友。小伙子更是开心，告诉他自己叫李林，是泰安人，并自嘲说山东自古出响马，为人讲义气、粗犷、豪爽。而张风却转换话题，说山东人的团结，尤其是山东的足球队，尽管并不是每个球员都十分出色，但是他们胜在团结一致，所以经常会有好成绩。碰巧李林也是个足球迷，两个人聊得非常投机，还互相留下了联系方式。通过李林的介绍，张风还认识了许多球迷，其中就包括他这次去深圳准备拜见的顾客吉，吉和李林的关系非常铁，因此张风毫不费力地就完成了这次的销售工作，为公司赢得了一位大客户，更让他高兴的是他认识了很多球迷朋友。

张风通过对陌生人的称赞，不仅顺利地完成了工作，同时还认识了很多朋友，这就是称赞陌生人带来的好处。

张风通过自己丰富的阅历很容易判断出李林是一个山东人，并以山东人为切入点打开了和李林的交流通道。有时候，就算我们没有办法判断对方是哪里人，我们也可以从对方的言行中推测出对方的职业，并以此为话题对其进行赞美。因为每个人都希望自己的劳动得到大家的称赞和认可。对陌生人的职业表示赞美，也正好迎合了人的这一心理，因此也很容易找到交谈的话题，拉近双方的距离。

陌生人之间因为并不熟悉，所以在称赞的时候，可以从言行举止等我们可以看到的方面入手。比如，见到孩子的时候，可以夸他们可爱、漂亮；对青年人可以夸他们敢想敢干，有干劲儿；对中年人可以称赞他们稳重、端庄；对于老年人，可以称赞他们宝刀未老、身体康健、生活幸福。

在称赞陌生人的时候，一定要把握好切入点和时机，这样你的称赞才会得到预期的效果。这时候你的称赞不要太过于具体，而是要较为笼统，但一定要真诚和热情。究竟要如何赞美，一定要根据不同的情况来分析，不能生搬硬套，不分对象和场合。

在称赞陌生人的时候也需要注意一些问题，要保持适当的距离，因为我们对陌生人本身不是非常了解，所以在赞美时，千万不能像对待老朋友那么随意，否则就会事与愿违。

在称赞的时候一定要把握好尺度，这样才能赞美到位，让赞美产生最大的效果。

一次，小高碰见了自己的同事小石和夫人散步。小石长得

显老，但是他夫人却保养得很好，看上去非常年轻。因为这是小高第一次见到小石的夫人，为了给对方一个好印象，便称赞道："石夫人真是年轻，你和小石站在一起，不认识的人还以为你们是父女呢……"还没说完，小石和他夫人脸色便沉了下来："你这是乱说什么。"说完便不理他，离开了。小高之所以没得到小石夫妇的好脸色，就是因为他称赞不得体。他的话，让小石觉得自己更老，"像父女"更是让人觉得厌烦。

事后，小石的夫人见到人就会说："你们单位的那个小高可真不会说话。"小高的赞美可以说是一次失败的称赞。

我们可以从多方面考虑称赞陌生人。可以从陌生人的外貌、衣着打扮、气质、职业、学识、口才等突出的方面入手。总之，到处都是美，关键是我们要善于发现。换句话说：只要用心掌握好怎样赞美陌生人，我们就会得到更好的人际关系。

用赞美来获得对方的好感

俗话说得好："十句好话儿能成事儿，一句坏话儿事儿不成。""高帽子"谁都爱戴，其实这也是赞美的一种方式。适当地赞美也会让人有一个好心情，得到他人的信任和好感。

包拯在开封当知府时，要选一个师爷。通过笔试，包拯从上千个人中选出了十位文才出众的人。接着包拯便把他们十人依次叫进去，随便出题，让他们当面回答。包拯的面试问题也十分有意思，包拯问他们每人的问题都一样："你们看看我长得怎么样？"前面九个人看到包拯头和脸就像是黑煤球儿一样，要是晚上见到，保准得吓一大跳；而且两只眼睛是又大又圆，一瞪眼，白眼球多，黑眼球少。

前九个面试的因为害怕说实话，包拯会生气，不要说当不成师爷，怕还会遭到一顿毒打。因此，他们为了讨包拯的欢心，对他都是一番赞美。说他眼如星辰，眉如弯月，面色是黑里透红，一看就是大清官。包拯生气地把他们几个全部轰走了。

包拯同样问第十个面试者这个问题。这个面试者上下打量了一会儿，便说："老爷的容貌嘛……""如何？""脸像个大盘子，面色就像锅底一样黑，可以说是太丑了，尤其是瞪眼的时候，还会把人吓一大跳。"包拯听后，故意沉下脸，说道："大胆，你竟然如此说本官，就不怕本官治你一个藐视朝廷命官之罪吗？"那人回答："老爷息怒，小人认为只有诚实的人最可靠，老爷的脸本就黑，难道别人夸赞一下就会变白吗？尽管老爷长得不俊美，但是老爷心如明镜、廉洁自律，敢问世间人有谁不知道包青天的大名？难道老爷没有见过白脸的奸臣吗？"包拯听后心中欢喜，立即任命他为师爷。

实际上，第十个"应聘"者的才能并没有比其他几位高很多，他之所以能够被录取，是因为他有较强的观察力，对包拯的赞美说到了他的心坎儿上。通过真诚地赞美，由缺点到优点，最终因为赞美他人达到了自己的目的。

李鸿章是清朝的中堂大人，位高权重，要是能够讨得他的

欢心，得到他的提拔，可以少奋斗很多年。这一年，正好是李鸿章夫人的50大寿，文武百官自然不会放过这个送礼巴结的好机会。寿辰还没有到，满朝的文武百官就已经开始准备贺礼了，生怕自己落在后面。

合肥的知县得到这个消息，也想送一份儿礼物。因为合肥是李鸿章的祖籍，正好借这个好机会和中堂大人攀上关系。但是他只是一个小小的知县，并没有过多的财富，礼送得少了和白送没什么区别；多送点儿吧，又没有这个实力。这可让知县犯了愁。想了几天也没想到一个好主意，因此便请师爷一起商量。师爷明白了知县的心思，若无其事地说："这有什么难的，在下保证老爷不用出一分一毫，而且还能让李中堂对大人送的礼品刮目相看。"

"真的？快告诉我是什么礼物？"知县大人十分高兴，脸笑成了一朵花儿。

"一副寿联就可以了。"

"寿联？真的可以？"

听到知县的疑问，师爷便宽慰道："您请放心，这件事包在我身上，我保证您从此以后会平步青云。这寿联我亲自写，大人您亲自交到中堂大人手中，千万不要大意。"

知县听后连连答应。

第二天，知县便带着师爷写的寿联亲自赶到北京。在大寿这一天，知县面见李鸿章后，便跪在李中堂面前，报上自己的姓名："卑职合肥知县，特来给夫人祝寿！"

来李鸿章府上的都是朝廷的大员们，一个小小的七品知县，李鸿章根本没有放在眼里，因此，李中堂也没有理睬他，直接命人给他沏茶看座。

李鸿章顺手接过寿联，打开上联："三月庚辰之前五十大寿。"

李鸿章见后，觉得这上联也没什么特别。人人都知道自己夫人的生辰是二月，这"三月庚辰之前"简直就是废话。于是，李鸿章又打开了下联，只见上面写着："两宫太后以下一品夫人。""两宫太后"指的是当朝的慈安、慈禧两位太后，李鸿章见到"两宫"的字样，不敢轻视，立刻跪下，并命人摆好香案，把这幅寿联挂在了《麻姑上寿图》的两边儿。

李鸿章对这副对联大加赞赏，自然也对送寿联的合肥知县

赞赏有加，从此这位知县便飞黄腾达了。

一副寿联就让这位知县官运亨通，他这个寿礼可以说是送对了，但是，有人比他还要厉害。

1671 年 5 月，伦敦市郊的马丁塔发生了一起盗窃案。一群盗贼想要偷走英国的镇国之宝——英国国王的皇冠。但是，这群盗贼的技术却不怎么高超，惊动了守塔的士兵。他们刚一出塔就被士兵抓住了。

事后经查，这群盗贼是以一个狡诈善辩的叫作布勒特为首的五人作案团伙。

英国国王查理二世听到有人盗窃“国宝”的消息非常震惊，他决定要亲自审问这群胆大妄为的盗贼。

因此，布勒特这个罪不容诛的盗贼首领被押到了国王的面前。查理二世看到自己面前这个长相普通的人，心想：我就见识一下你究竟有什么本事，竟然来偷窃国王的王冠，于是，他开口问道：“听说你还是一个男爵？”

“是的，陛下。”布勒特如实答道。

“你是因为诱杀了一个叫作艾默思的人得到的这个头衔吗？”

“陛下，我不过是想看看他是不是能配得上您赐给他的那个位置，如果他这么轻易地就被我打败了，我想陛下应该选择一个更适合的人接替他的位置。”

查理二世深思了一会儿，认为布勒特不仅胆大妄为，而且还伶牙俐齿。于是，他又怒斥道：“你胆子可真是大，居然跑来偷我的皇冠？”

“我知道我这个举动确实是有些放肆，但是，陛下，我这样做的目的只是想提醒您平时关注下我这么一个孤苦伶仃的老兵。”

“哦，什么？难道你是我的部下！”

“陛下，我从来也没有反对过您，现在天下太平，天下的臣民都属于您的部下，当然我也是您的部下。”

听到这里，查理二世认为布勒特简直就是个无赖，便问道：“那依你看，我应该怎么处置你？”

“从法律的角度来说，我们犯的是死罪。但是，这样的话，我们5个人每1个人最少会有两位亲属会为此落泪。从陛下的角度来说，多十几个人赞美您总是要好过有十几个人落泪。”

查理二世没想到会听到这样的答案，然后继续问道：“那么，你认为你是一个勇士还是个懦夫呢？”

“陛下，我连一个可以容身的地方都没有，到处都有人要抓我，就在去年，我还在我的家乡搞了一场假出殡，目的就是希望大家认为我已经不在人世了，以此来躲避对我的追捕，我承认，这不是一个勇士应该有的行为。所以，尽管我在别人面前是个勇士，但是面对陛下的权威，我是个懦夫。”

布勒特的辩解之词竟然取悦了查理二世，最终他不仅赦免了布勒特的罪责，还赏赐给他一笔赏金。

可见，有时赞美对方，提高对方的自尊心，可以让双方的紧张关系得到缓解。

真诚的称赞他人对人际交往和维护良好的社会关系具有重要的作用。

在背水一战中表现突出的韩信，年轻的时候曾经受过“胯下之辱”。后来，韩信追随汉高祖刘邦，建立了不少功绩，因此有人十分肯定地说：“要是没有韩信的追随，汉高祖刘邦很难完成统一天下的大业。”也正因为如此，面对功劳如此大的韩信，刘邦越来越害怕了，便以一个“企图谋反”的罪名，想处死韩信。

这时候，韩信并没有为自己辩解，只是说：“真像人们所说的那样：‘狡兔死，走狗烹；飞鸟尽，良弓藏；敌国破，谋臣亡。’看来，我韩信只有被烹，被杀了。”

刘邦听后，也认为韩信是开国功臣，不可以随便打杀，于是就把他的职位降为侯，暂时不用他，来观察他的反应。韩信经过这次的打击，心中十分悲愤，每天都郁郁寡欢。就在这时，与刘邦很长时间没有见过面的韩信终于再次见到了刘邦。韩信本身就擅长赞美人，于是抓住这个时机，对刘邦进行了一番恭维，取得了很好的效果。

两人从对将士的评论谈起，双方有着不同的意见。刘邦问韩信：“你看我能统率几万大军呢？”

韩信道：“依臣来看，陛下最多可以统率十万大军！”

刘邦继续问：“那么，你呢？”

韩信笑着说：“多多益善！”

刘邦也笑着问：“那为什么你却为我所用呢？”

这时，韩信便开始巧妙地称赞：“尽管陛下没有‘将兵’的才能，但却具有‘将将’的本领。在下之所以可以为陛下所用，也是这个道理，而陛下具备的才能是天生的，并不是谁都可以拥有的。”

韩信巧妙的称赞让刘邦内心十分高兴。尽管史书上并没有记载刘邦后来是怎样回答的，但是从韩信后来的复出我们也能想到。

当你发自肺腑地称赞他人时，对方也会真心地开心，并对你产生好感。因此，如果你想缓和或者拉近和他人之间的距离，不妨试试真诚地赞美对方，但是一定要注意，千万不可以用贬低他人来达到赞美的目的，这样可能会让人觉得你不怀好意，甚至起到相反的效果。

第三章

富有感染力的语言，最能打动人心

作为一个合格的销售人员，必须要具备好口才。因为我们都知道，成功的销售大都来自完美的沟通。那么怎样才能做到完美的沟通呢？这就需要我们在沟通前和沟通中保持乐观的态度，用第一印象来打动对方，善于运用催眠式的说服、暗示的力量、帮对方想象出使用自己的产品带来的益处等方式来让对方认同自己，在对方释放出购买信号的时候，要及时抓住机会，促成交易。本章针对这几个方面做了详细的讲解，让我们一起来学习怎样让话语更富有感染力，可以快速地打动对方。

好口才可以让你的销售业绩翻倍增长

好口才创造了许多成功人士的奇迹。同样的产品和服务，为什么有些人的业绩总是遥遥领先，而有的人却一落千丈呢?

有很多因素决定着你成功与否，包括心态、口碑、行动力、优质服务等。但是在众人中可以脱颖而出的人，一般是一个言论精辟且合情合理的人，他们懂得借助优秀的口才，达到出奇制胜的效果,简单来说,拥有好口才,才是成功的一个关键因素。

口才是每个人都需要修炼的一个重要科目。因为自我推销离不开口才，介绍产品离不开口才，商业谈判也离不开好口才，处理抱怨离不开口才，化解矛盾更是离不开好口才。

提升口才技术的内涵、素质

“三寸不烂之舌，胜于百万之师”，这句话完美地说出了口才的重要性，但是一个人的好口才并不是天生的，也是需要刻苦训练得来的。世界上任何一位能言善辩的演说家、雄辩家、企业家和业务高手，都是通过勤劳的练习最终才取得成功。

洽谈业务失败是因为嘴笨说出来的；业务的成功是好口才说出来的。你可以利用下面的方法，通过勤奋刻苦的练习来获得好口才。如何成为一个妙语连珠的人？方法有下面两个：

一是刻苦训练，通过多年的摸索总结出演说成功的方法；二是虚心向成功人士求教，学习他们的经验和成功模式。

你拿出3个月的时间，向5位拥有10年演说成功经验的大师们学习，那么你可以用短短3个月的时间拥有50年的经验。当然这也是取得成功最快最好的方法。

向律师学口才

美国的前总统林肯，为了拥有好口才，不惜步行三十英里只为了去法院聆听律师们的辩护，研究他们是怎样辩论及做手势的，他边听边模仿他们说话的口气。

另外，他还到教堂仔细观察那些云游四方的传教士的布道方式，然后回家后学着他们的样子对着树木、树桩或者玉米来练习，最终林肯成了一位雄辩的律师和政治家。

向节目主持人学习声音的魅力

首先找到一个自己最佩服的广播员或者电视节目主持人，在收听他节目的同时，有意识地学习他说话时的声音语调、轻

重缓急、用字遣词、说话逻辑，或者是录下他的节目，在等车或者走路的时候不断练习。

总结成功演说的技巧

每个人都有自己的说话风格，平时要多观察业务高手是如何讲话的，或者多听些名人的演讲，学习他们好的方面，通过练习思考和学习，把演讲的技巧和原则总结出来，自然会有技巧被自己慢慢地掌握。

提升口才能力的方法

敢说话，能说话，少说话，就是提升口才的三个基本方法，下面逐一介绍培养口语表达能力的方法：

1. 平时要刻苦练习

一个平时不爱讲话、口才表达能力差的人，通过刻苦的练习，也可以拥有非凡的口才。平时每天要抽出至少十分钟的时间大声地朗读和讲话，可以找到一个安静的地方，在树上挂上一面镜子，对着镜子来练习，从镜子中观察自己的表情和动作，经过长时间的刻苦训练，一定可以掌握演讲的技巧，成为一个成功的演说家。

当然，你也可以对着镜子背诵大量的有名的演讲词，以此来达到锻炼口才的目的。在有时间的时候，找一个空旷的地方，拿出提前准备好的演讲稿大声诵读，想象自己正面对着一群观众在演讲，当然，如果你可以熟记演讲稿的内容，能做到脱稿演讲会更棒。

2. 每天分享一篇短文、故事

坚持每天从网络、杂志或者报纸中找到一篇具有感染力的

好文章或者故事，并把自己想象成为是一个声音优美、言之有物的主持人，然后对着镜子，用自己的语言，把刚才阅读的重点演讲出来。然后，每天最少和三个人积极地分享出来，大家互相交流，就这样一个故事或者好文章一天之内至少重复练习三次……

3. 在公开场合积极发言

口才的训练，读得再多，记忆得再多也远远没有实战练习让我们受益更多，所以，在一些公共场合，只要我们有适合的说话机会，就要抓住时机，积极主动地表达自己的看法，或者大胆地提问。

直接上台演讲是锻炼口才最有效、也是最直接的办法，如果有机会可以上台演讲，一定要抓住机会，主动出击。只要我们有机会站在舞台上，就一定要借助机会进行口才训练，这样迟早你也会成为一个说话滔滔不绝的人。

不要有自我设限的心态

做销售，让顾客购买的方法有三个：一是别人不敢做的，你敢做；二是别人不敢秀的，你先秀；三是别人不敢开口的，你敢先开口。

而很多年轻人，却经常这样说："我懂得少，我没胆量！"

实际上，这就是有了自我设限的心态。拿破仑曾经说过："你唯一的限制，就是你自己在脑海中所设下的那个限制"。也就是说，我们一定要拥有一个什么都不怕的心态，做什么都不要先预设立场，认为自己没有这个能力，我们要相信自己，抛开负面的情绪，这样我们的交易才会成功。

那么怎样避免自我设限呢？下面介绍几个方法：

1. 思想和行动要积极。只有积极主动，才不会懒惰，这样我们就可以放开手脚去尝试，斗志也会在这个过程中被激发，从而改变自身的命运。

2. 制定明确的目标和定位。对于自己所从事的工作充满信心，而且坚信自己完全有能力达到制定的目标。

3. 不断提升自己的综合条件和素质。这样在遇到问题的时候才会相信自己，有信心去面对各种挑战。

4. 脸皮厚一点儿。要想完成目标，脸皮一定要厚，这样才有胆量及时开口。如果脸皮太薄，什么话都说不出口，这和缘木求鱼没什么区别，自然也不会得到理想的结果。

5. 要把握成交的良机。交易能否成功其实很容易，那就是要把握好成交的时机。当和对方谈判时，只要对方发出了妥协的信号，一定要及时抓住机会回答对方，如果没有其他意见或者竞争对手出现，那就直接开口争取你想要的结果！

一个人的成功，85% 来自沟通

人际学家戴尔·卡内基曾经说过：在谈话的过程中如果可以融入你的热情和经验，那么你就会以最快的速度打动对方，这不仅是一个有效的方法，也是一个必要的条件。如果你对自己所说的都没什么兴趣，那么你又怎么能期待被别人所感动……

为什么销售总是摔跟头？为什么顾客听完我的介绍依旧不肯埋单？不管你是销售新手，还是业绩一直很不理想的销售员，如果出现了这些情况，那么很有可能是你在和顾客沟通中有了问题！

在销售员应该具备的能力中，沟通是最重要的一项。因为销售工作本身就是一种人和人从沟通到认同的过程！

销售员要做的就是把顾客不了解、不需要、也不想要的观点，通过沟通，转变为我了解、我需要、我想要。你可以不帅，也可以不美，你也可以是一个没有人脉，甚至是对相关知识掌握并不完善的业务员，但是你必须要学会的是沟通，我们可以去看看那些顶级的销售员，他们一定是一个善于沟通的好手。

你准备好做一个顶级业务员了吗？

很多人都会认为性格外向的人最适合做业务员，所以才会有“你有这么好的口才，应该去做销售员”或“你有这么好的人缘儿，认识这么多的人，做销售是最好不过的了”等等类似的说法，然而直到真正成为销售员之后，才如梦初醒地知道，其实这些根本就没有帮助自己成交订单。口齿伶俐的人，在和顾客推销产品的时候哪怕是滔滔不绝，如果没点出成交的关键点，对方就不会被打动，也不会购买；人缘儿好的人，也只不过是因为个性好相处，但是真要是去推销产品，很有可能会说不出口……实际上，性格外向不过就是喜欢到处跑，如果真的被顾客拒绝，恐怕就很难有再次去拜访顾客的勇气了。也就是说，如果这些人真的从事销售工作，那么他们的结果往往也是以业绩太差而告终。

那么，性格内向的销售员的业绩会怎么样呢？众所周知，销售工作就是推销产品，最后达成交易，所以被人拒绝是常事。而性格内向的业务员因为平时就不是很喜欢和陌生人接触，再加上没有能言善辩的能力，在遭遇到他人的拒绝后，通常也是很难再次主动出击，所以一旦他们从事销售工作，也是很难取得优异的业绩。

因此，想要成为一个顶级业务员，必须要大胆地走出家门，多结交一些朋友，练就一身沟通的好本领，这也是成为一个顶级业务员必须要越过的一个难关。

沟通能力差的人，容易被淘汰

销售大师林有田曾经带过一位每天都生活在虚拟网络的业务员，他的笔战能力出色。用电子邮件和顾客沟通的时候，表现得很好，能够勇敢地表达自己的意见，而且准备的各方面的

数据都非常齐全，也非常擅长找出各种资料来证明自己的观点。

从文字的表达能力来看，他的确是一位积极而主动的沟通者。但是回到现实来讲，当他需要和顾客面对面沟通时，问题也随之而来了……对方一说话，他就会左顾右盼，甚至是低头不理。当顾客提出问题时，他则是面无表情，或者双手一摊，没有一点儿意见。总体来说，不论是从语言，还是从表情方面来讲，他的沟通能力一点儿也不及格。

有一次，一个非常重要的企业集团的王总经理来拜访并和他们一起用餐，这个业务员除了谈论一些专业知识，就只顾低头吃饭。一个在网络虚拟世界文采出色的人，到了现实生活中竟然无所适从。

最后，没多久，这个年轻人就向公司提出离职……

成功是 85% 的沟通能力，加上 15% 的专业知识

在这个十分注重沟通能力的社会，人和人之间的交往，沟通是尤为重要的！如果父母和子女之间缺乏沟通，就会有代沟，会出现各种矛盾；夫妻之间缺乏沟通，就会形成各说各话的现象；好朋友之间缺乏沟通，就会产生误会，甚至是走到老死不相往来的地步。作为一个销售员，如果不能做到和顾客互相沟通，那么就不能交心，最后也无法做成交易。

成功是 85% 的沟通能力加上 15% 的专业知识。

我们要知道，沟通的效果是乘数的效果，只有有效的沟通，才会让你的观点、创意、感情等方面完全发挥出来。很多事情的失败都是因为双方没有做到有效的沟通，最终才前功尽弃。

语言沟通的力量

沟通，实际上就是把一个观点从一个头脑转移到另一个头脑的过程。或许你拥有比尔·盖茨那样奇妙无比的观点，但是如果你不能让它被别人所理解，那么就算你的观点再奇特，也没什么了不起；哪怕你拥有爱因斯坦那样伟大的思想，但是如果你不能让他人明白，哪怕你的思想再伟大，别人依然也是不以为然；如果你拥有发明大王爱迪生的创意，如果不能通过沟通来把他传达出去，那么，最终你也不能成就什么事业。

沟通就像通电一样，让双方都可以产生对流，从而激发出无限的能量。“最伟大的沟通专家”丘吉尔、罗斯福、里根和富兰克林等名人都认为沟通不仅仅是把事情说清楚就行，而是要激发他人一起响应，认同自己。

英国前首相丘吉尔了解英国人具有骄傲心理的根本原因，于是他就用语言来激发人们对纳粹德国的反抗，从而破坏了德国人想要把伦敦夷为平地的计划。

美国前总统里根曾说：“人生成功的秘诀，在于你可以驾驭群众。”是的！最高明的沟通就是可以通过他人的语言或者行为来验证自己的观点。它并不是不停地重复自己的观点和思想，让别人当作是耳旁风，而是激发对方可以接受自己的观点，认同自己的观点。

引燃沟通的火花

可以说人们每天都需要和他人沟通自己的观点、想法、感情、需要……要是可以让沟通发挥到极致，我们的工作效率就会更高更快，生活也会悠闲快乐，有意义；如果做事做得不尽如人意，我们就会被人批评、指责，心情自然也不愉快。

实际上，任何一个伟大的观点和意见都像是一座蕴含着无限力量的发电厂，只要可以点燃沟通的火花，那么你的人生一定可以更加灿烂。

沟通是销售员必须掌握的一门课程，尽管每天都可能会发生各种不同的状况，但是解决这些意外的技巧却是相同的，只有掌握了这些技巧，不管遇到什么难题，都会得到解决，最终成功地达成交易。

拥有正面的心态，才会有正面的沟通

兰迪·普宁顿曾经说过：“真正的正向思维就是在看清事实的前提下，从中找到事情的转机，这不仅是心灵上的自我安慰，更是解决问题的一套好办法。”

世界上伟大的励志学家拿破仑·希尔曾说过：“一个人成功的关键，就在于他是否拥有积极的心态。成功者和失败者最大的差别就是成功者拥有积极的心态，而失败者则是经常用消极的心态来面对人生。”

同样的道理，作为一个销售人员，要想成功拿下订单，就要用积极的心态来面对，这样才会有正面的思考，只有正面的思考才会带来正面的沟通！通过正面的沟通，成功的概率远比负面思考带来的概率高得多。

决定销售业绩的是自己，并不是市场或者运气。也就是说，如果我们可以使用积极的心态来面对冷酷的市场，积极地接受各种挑战和困难，那么我们已经成功了一半。与那些超级销售员和初级销售员的业绩相比，之所以他们的业绩相差甚多，最关键的就是他们心态的不同，在初级销售遭遇到困难的时候，他们往往会自我安慰：“我不行！我肯定不会成功！最终只得放弃！”这样的结果只能是失败。反过来看看那些超级销售员，他们在遇到困难的时候，依然会有一个积极的心态，用“我能

行！我可以的！我一定能成功”等具有正面效应的话语来鼓励自己，这样一来，他们就会找到解决困难的方法，最终不断前进，取得成功。

休斯敦太空指挥中心有惊无险

你看过电影《阿波罗十三号》吗？在这部电影中有一句非常经典的对白：休斯敦，我们出问题了！这句话就像洪水猛兽一样打乱了休斯敦太空中心全部科学家的心。

电影中主要讲述了在登陆月球的“阿波罗十三号”上的航天员，在遇到零件出故障的重大危险时，休斯敦太空指挥中心的人员坚持到底，抓住任何一个可以救助他们的机会，不断地找到解决困难的办法，最终有惊无险的故事。电影中有一句话让人印象十分深刻：当航天员生死不明，我们尝试了很多办法，但是依然没有任何效果，大家慢慢没有信心的时候，有一位悲观的科学家突然说道：“哎！‘阿波罗十三号’没准儿会成为历史上太空中最大的灾难！”

任何人都没有把握可以把航天员救回来，也没有任何一个人敢做出回应，就在一片沉寂中，突然从远处传来一个振奋人心的声音：“我觉得拯救‘阿波罗十三号’会是我们人生中最美好的时刻，它会是历史上最最伟大的太空事迹！”壮志凌云的指挥官说道。电影的结尾，就像那位指挥官说的一样，“阿波罗十三号”真的成了历史上最最伟大的太空事迹。这个故事也充分地说明了，正面思考的人在人们面对生死存亡的关键时刻，决定着结局的最终走向。

"正面思考"解读

"正面思考"，就是在遇到困难和麻烦时，内心会充满信心，相信自己，从而找到解决问题的办法，正面接受挑战。

要知道，困难是不会主动消失的，问题也不会自己解决，除非你愿意正面思考！

如果把相同的情况应用在销售工作上，在和顾客当面沟通时，利用负面思考会失败，但是反过来想，我们也可以利用正面思考来化解双方的误会，达到双赢的局面。我们所说的正面思考，并不是要永远乐观地看待所有的事情或者一直都是微笑地面对任何错误，而是在我们的心中筑起一座必胜的城堡，把负面的情绪转化为正面的情绪，成为促使我们前进的动力！

想要成为一个沟通的好手，你就必须要具备下面几个正面的思维能力，在沟通效果不理想的时候，帮助你树立起可以解决困难的自信心。

1. 改变说话的语气。在沟通中遇到问题是很常见的，这时，千万不能泄气，不要说"我担心自己做不到"或者"我认为我不行"，而是说："我应该怎么和他交流才可以得到他的认可呢？"

2. 保持正面的思考。在沟通中难免会遇到这样或那样的问题，我们要相信总会有解决的办法，这就是正面思考的思维和方法。

3. 要做到创新求变。一个好的沟通者一定能够提出一个可以让双方都满意的解决问题的方案。他们在交流中不断地壮

大，懂得不能故步自封，而是可以做到创新求变，独辟蹊径，用创新的思维和长远的眼光来看待问题，从而开拓出新的沟通空间。

4. 良好的态度。态度决定着一个人的行为，也决定着他对待工作的方法和结果，试想一下，做一件事如果全力以赴和得过且过会有什么不同？

成吉思汗曾经说过：“一个真正懂得正面思考的人是不会害怕困难的，相反，他会随时随地准备从困难中发觉自己的智慧，以此来壮大自己。”

确实！拥有正面思维的人，认为事在人为，当他们遇到严重困难或是在危机重重的时候，就会把自己的能力完全发挥出来，突破困难，找到各种解决问题的办法，而最终的结果也通常会是成功多于失败。而那些满满负面情绪的人，常常是犹豫、无助，不知道应该怎么办，经常怨天尤人。因此，不管我们在沟通的过程中遇到多么恶劣的问题，一定要记住，保持正面的思考，这样才可以永远处于一个有利的地位。

眼界决定境界，思路决定出路

什么事情都有两面性，发掘正面和善良的一面，就有可能走向成功。抛弃我们平时思考时常用的“负面脚本”，你会发现，你的人生剧本一定会改写！

确实，境地是没有办法来决定最终的好和坏的，决定最终结果的只有自己的思维方式。所有的结果，都取决于你是用正面的方式还是用负面的方式来思考。

成功，常常只是在一念之间而已。

良好的“第一印象”促进沟通的有效进行

一个人必须要知道什么时候该说什么话，应该怎样说，对谁说。

为什么有的人那么受欢迎，而且在和顾客沟通后可以很快地达成交易；而有的人则不是很受欢迎，即使唾沫横飞也是难以完成交易？我们来学习下顶级的销售员在和顾客见面时，是怎样留给顾客一个好印象的，对你的沟通交际能力的提升可能会有所启发。

被称为“史上最伟大的推销员”的乔·吉拉德，在世界销售界是一个传奇人物，曾经连续12年登上《吉尼斯世界纪录大全》世界销售冠军的宝座：在连续12年中平均每天销售六辆车，这一让人骄傲的成绩至今仍未被突破。他的观点就是，推销首要做的不是先推销产品，而是先推销自己。换句话说，在介绍自己的产品之前，首先要让顾客对自己有一个好的印象。

取得好的开端就是成功了一半

我们总会有第一次和陌生人打交道的时候，不管是求职还是谈判，给对方留下一个良好的第一印象，是非常重要的。我们从经验中总结出，只有让顾客在买东西之前先喜欢上你，你的销售就会更容易成功。因此，当我们和顾客初次见面时，要重视自己留给对方的第一印象，表现出我们的亲和力，这样顾客才会放下心中的戒备。试想一下，假如你给人留下的第一印象非常差，还会有和他继续交谈下去的可能吗？懂得注重自身形象的人，总是可以给他人带来愉快的感受，哪怕最后顾客不会买，也不至于讨厌你，要知道只要我们给别人留下了良好的印象，其他的事情都会更顺利。

下面就和大家介绍下顶级的推销员是怎样留给人一个良好的第一印象的。

一、第一次去拜访顾客时，要保持最好的状态。

对顾客的第一次拜访，一般我们首先要准备好一段开场白，做一些必要的寒暄，创造出一种友好的氛围。

1. 寒暄要友好、简单。首次见面，双方寒暄，客套一下，一般这时候你只有30秒的时间来引起顾客的兴趣。寒暄不是单纯的打招呼，如果你随意应付，那和不打招呼没什么区别。正确的寒暄应该是你用一句简短的话语表示出对对方的关心和尊重。

2．保持微笑，树立良好的形象，营造轻松的氛围。保持微笑，昂首挺胸，会给人一种有活力、非常乐观的感觉，而且还会增加对方对你的信任度。要是你精神不济，一般会让人产生颓废、不专业、不靠谱儿的负面感觉，自然别人也不会信任你。

3．成为一个受顾客欢迎的人。顾客通常是先喜欢上你这个人，再喜欢你的产品。成功地完成销售最主要的就是让对方喜欢上你，顾客愿意和你交谈，愿意把自己内心最真实的需求告诉你，有问题也愿意咨询你，很明显，顾客已经把自己的买卖权交给你了。

二、注意自己的衣着装扮

形象就好比是人的脸面，是专业、荣誉以及尊严的代表。顾客愿意和你沟通，从认识到了解，从而对你的产品产生兴趣，最终买下你的产品，这一系列都是通过对你形象的认知程度来实现的。

俗话说得好："佛要金装，人要衣装"，这是自古不变的道理。西方的服装设计大师曾说过："服装不能造就一个完美的人，但是一个人留给他人的第一印象却来自正确的着装。"对于可能随时要和陌生人打交道的业务员来讲，掌握下面两项着装技巧，非常实用：

1. 没有统一要求的职业服饰。服饰通常会因为人的性格、爱好、身份、年龄、性别、风俗习惯等不同而不同。尽管没有统一要求的职业服装，但是要根据场合的不同，穿着适合的服装。一定要避免穿一些奇装异服，或者为了赶时髦戴过多的装饰品，那样只会让人笑话你。

2. 着装一定要清爽，符合自身的形象。不一定非要穿名牌，但是所穿的衣服一定要端庄大方、整齐干净，符合自身的形象，这样才可以增加亲和力，给人留下一个好的印象，也让人愿意和你深入沟通。

三、递名片要讲究方式方法

在社会交往中，交换名片是一种礼貌。名片象征着一个人的脸，一定要准备好足够的名片，这样才不会发生名片用完的情况，让对方误以为你这是不尊重，看不起对方。

1. 要先递出自己的名片。在拜访顾客时，我们应该首先递出名片，然后再双手接过对方递给自己的名片。

2. 以最快的速度记住对方的姓名和职位。在接过对方名片的同时，要浏览一下上面的内容，这样既表示对对方的尊重，也可以帮助我们了解对方。在看的过程中有意识地记住对方的姓名和职称，但注意的是一定不要看太久，这样会把别人晾在一边儿，显得非常没有礼貌。

3. 把对方的名片收到名片夹中，表示自己的尊重。切忌不要玩弄对方的名片，或者把对方的名片随意扔在桌子上，也不要用手触摸对方名片上的文字。否则，会让对方有一种自己不被尊重的感觉，能再见面联系的机会也会不大。

4．仔细听对方的自我介绍。当对方介绍自己的时候，记住对方的姓名和职务，这样可以恰当地称呼出对方。如果对方口音比较浓重，自己听得不太清楚，一定不要妄加猜测。比如说对方姓陈，但是因为口音你听着像沈，你可以问对方：“是沈阳的沈吗？”对方便会说：“哦，不是，是耳东陈。”当遇到对方是一个名望非常高的人的时候，你这样直接问，对方可能会觉得非常没有面子，这时候，你可以私下问问他人比较好。

要知道细节决定成败，不要小看任何一个小细节，尤其是商业礼仪。优雅的商业礼仪不仅可以展示出一个人的风度，更是在商业交往中为了表示对他人的尊重，获得对方的信任所需要的重要工具，是为了拉近和对方之间距离，展示自己良好形象必不可少的一门学问。

四、第一印象的关键 15 秒

在商场上，一定要善于利用第一次见面的 15 秒，一般情况下，对方对你的印象就是最初 15 秒内，你给对方留下的印象。这在很大程度上影响着你之后和对方的沟通。

而得体的商业礼仪可以帮助你在最初的 15 秒内留给对方一个良好的第一印象。

不要因为商业礼仪复杂而感觉到难以掌握，其实很简单，只要遵循一套 4C 法就很容易上手：展现自信 (Confidence)、掌控主导权 (Control)、有所贡献 (Contribution) 和广结人脉 (Connection)，只要掌握好这几个要点，就可以提升你的商业礼

仪水平。

五、21 天打造出个人独特的魅力

只要用心练习 21 天，熟练掌握这些技巧，这些方法可以自然而然地转换成为你的人格魅力。当你把这些技巧热情、诚恳地应用到得体的言行举止中的时候，这些商业中的礼仪可以展现出你优美的形象，帮助你赢得首次见面的 15 秒印象，从而获得对方的好感和信任，这样你在接下来的沟通中就会顺畅很多。只要把自己良好的形象展现出来，顾客就会喜欢你、认同你，和你热情地交谈起来，这样，达成交易就会更加轻松、简单。

让人无法拒绝的催眠式销售

催眠式销售，比任何一种销售方式都有效。

小林新买了一台联想笔记本，共花费了他 6000 元，老李是他的好朋友，见到后，说这台笔记本质量不好，价格太贵，小林听到后十分生气，骂老李眼光低、品位低，还没什么见识，为此，他们二人之后再也没有见过面……

小林之所以批评老李没品位、眼光低，这就是小林身上的自我防卫机制启动了，也就是说在小林听到老李对笔记本电脑的评价后，感性上认为这是老李对自己格调的批评，小林认为自己的选择是正确的，不允许他人质疑，这样的结果肯定就是自己是对的，那么错的只能是别人。

这种自我催眠的过程，就是非常典型的自我合理化，只要他人和自己的意见不同，为了达到心理的平衡，人就自然而然地将遇到的问题合理化。也就是说，人相信的只有自己认为是正确的东西。

从心理学角度来看，某事物对自己代表的意义越重大，合理化的过程也就会越极端。比如说，你买一件新衣服花了299元，但是刚洗了一次就发现这件衣服不能穿了，通常人们都会认为这是商家没良心，卖假冒伪劣产品，自己比较倒霉，而且会很快就忘记这件事情。但是如果你花费了一个多月的工资买了一部昂贵的手机，那么合理化的程度就会更强烈，毕竟这是自己花费精力、大价钱挑选的，肯定是不允许被他人随意批判。

我们清楚地知道花费精力、大价钱挑选是一种不理性的自我防御机制，所以，如果想让一个顾客认同你从而来改变他对你的品牌的印象，最有效的办法就是创造一些非理性的攻击，然后让他自我催眠就可以了。与此同时，我们在和对方交流的时候，也可以利用催眠法说服，帮助他加强自我催眠的效果。

典型催眠式销售——推定承诺法

开发新顾客的时候，如果你希望顾客同意和你见面，你会如何说？

第一种说法是：“冒昧地给您来电，我为此感到抱歉！请问，您明天有时间吗？”第二种说法是：“要是我明天去拜访您，不知道您是上午9点钟方便还是下午3点钟比较方便呢？”

最好的说法当然是第二种，这里用到的就是我们所说的典型的催眠说服法——推定承诺法。这里所谓的催眠，实际上就是一系列的让人信服、并付诸行动的话。而说服，就是一系列让客户信任你、认同你，最终决定购买的一个过程。

现代社会消费意识越来越强，在和顾客交流的过程中，“催眠式说服”是最快最有效让顾客购买的办法。实际上，真正良好的、有效的沟通技巧常常是“理性和感性”的双重结合，这就像是父母在教育自己孩子的时候要“恩威并施”，这样才能取得平衡，哪怕是天气都会有阴天和晴天，更何况是人的情绪……因此不管我们是和谁沟通，一定要注意对方的情绪，我

们要知道，“语言”其实就是一把双刃剑，如果使用得不得体，就很容易两败俱伤。偶尔，只要我们稍微改变一下用词，换位从对方的角度思考，常常会很容易说服对方。反之，偶尔的无心之失，会给我们带来巨大的误解。

所以，“催眠式说服法”可以说是理性的推销办法，只要运用得当，就可以避开任何的情绪“地雷”，让沟通的效果发挥到极致。一位研究“催眠式说服技巧”的权威教授曾经说过：只要把催眠式说服法掌握好了，你可以自由地控制对方。可想而知，在生意场上，只要你能够灵活运用“催眠语言”，就可以成功地影响顾客，得到他的认同，快速地达成交易。

得当的开场白比之后的陈述更有吸引力

高效的沟通最避讳的就是拖拖拉拉，要知道，最开始的几句话要比之后的千言万语更具有吸引力。因此，开口讲的第一句话要足以引起对方的注意和兴趣，最好可以激发对方想继续听下去的欲望。

专业的广告文案都知道要在广告的开始把带来的利益告诉大家，但绝不会告诉你这样做的原因。打个比方，一个房地产的广告，要是开场白是：你现在还是一个没有壳子的蜗牛吗？下雨的时候可以躲在属于自己的屋檐下该是多么幸福……这样的表达效果要比直白的叙述效果要好很多。

使用“催眠式”说话技巧有五个小窍门儿，我们一起来看一下：

1. 选用“二选一”法。在约对方见面的时候，选用“是

上午 10 点，还是下午 3 点”？二选一的方法，这样就会吸引对方的注意力，让对方很难拒绝。

2. 适当地赞美竞争对手。和人做比较时，一定不要攻击自己的竞争对手，甚至可以适当地赞美一下对方，然后强调自己比对方更优秀更强！

3. 运用幽默的语言。运用一些“催眠”的词语，让对方跟随你的思路，认同你的观点。用幽默的语言讲出对自己有利的事情。

4. 让对方明白自己商品的价值和好处。普通的推销术，很难让顾客认同你。在对商品做出介绍的时候，必须让对方清楚地知道自己商品的价值和好处，必要的时候可以拿出证据来说服对方。

5. 赋予商品权威性。利用一些知名人士、专家来衬托商品，强化“催眠”的效果，因为人们心里更容易接受发生在名人身上的事情。

让价值吸引对方，成功说服对方

推销，成功说服对方其实很简单：用恰当的方法、简单达意的语言、真诚的态度，其实也就是既可以全面地介绍产品，又能够突出重点；既要诚实地告诉对方，也要突出商品的特点；既可以达到很好的宣传效果，也要尊重顾客的喜好。如果要让对方认可我们的产品，可以从下面几点试一试：

1. 简明、详细和精确。在介绍产品的时候要做到简单明了、详细、精确。切忌抽象、模棱两可。

2. 抓住重点。根据不同的对象、时间、地点等抓住重点，有目的地进行沟通。

3. 说出商品的价值和可以带来的益处。对顾客说出商品的价值和可以带来的益处远远比说商品的特性更重要。要是一个男生想要追求一个女生，通常会这样说："你和我在一起（产品的功能），你会每天都很开心（产品带来的好处）。换句话说，和我在一起之后你的日子会更有趣儿（顾客的利益）。"

在这个过程中最重要的就是"换句话说"之后的表述。另外，在和顾客沟通时要采用求同存异的形式来进行，要尊重对方和我们不一样的意见，然后逐步地把你的意见和之前所讲的内容相连通，让对方认同你所说的。其实也就是用简单明了的语言来对对方没有问出口的问题做出回答，比如"这对我有什么用"，从而让对方相信，你的产品确实会给他带来很多益处和价值。

善用暗示，强化说服

拿破仑曾经说过：信仰其实就是自我暗示，就是一个人潜意识中存在的一种精神状态。

中国当代的一位女作家铁凝也曾经说过："我很喜欢厨房，我会从日本带回来一个锅，一个小铁锅，非常有趣儿，买一个锅回家，让我感到很开心。"

我说这些，有什么用呢？我并不是让男人来为我服务，事实上，我也并没有什么更高的境界，我对这些琐碎的小事儿非常感兴趣。但可能又是这个原因，可能会让很多人认为要离我远一点儿。我也的确失去了一些好机会，对一些不错的暗示我没有理睬，甚至是错过了，但是事情已经这样了。我见过的好婚姻，他们双方会互相进步，而一个坏的婚姻……

实际上这段话也是对我们的暗示，暗示我们在判断他人的行为的时候要客观，甚至有时候需要我们仔细分析，这样才会发现事情的本质；同理，作为一个接受暗示的人，在情况对自己不是非常有利的情况下，也可以借用外力，用暗示的方法来改变局面。

暗示有积极暗示，也有消极暗示

相传，1985年，在美国洛杉矶的一个足球赛上，现场大约有五千多名观众观看比赛。观众中，有6人说自己的胃不舒服，有人说自己的肚子疼得厉害，甚至有的人想呕吐……在工作人员充分了解这个情况后，认为这可能是因为他们喝了某一品牌的饮料后出现的不良症状，因此，用广播的形式通知大家：某牌子的饮料可能有问题，大家不要再继续喝了。没想到，在这则广播播出后没多久，全场居然有二百多人陆续出现了食物中毒的现象，相继被送到附近的医院治疗。

工作人员立刻把该牌子的饮料送去检验，结果发现饮料没有任何问题。这时，又以广播的形式向大家通知了这个结果，同样在医院的患者也接到了这个消息，神奇的是，那两百名患者也全部没经过任何治疗便好了，之后全部高兴地回到球场继续观看比赛。

这个事例明确地告诉我们暗示有积极的，也有消极的影响。

在沟通时合理地使用暗示效应

“一样的米可以养出一百样的人”，在我们的沟通中也可以有很多种方法，不一定非要太直接。

尤其是在亚洲国家，太直接可能会让对方觉得你很没礼貌，或者造成一种尴尬的局面。要想成功地说服对方，要是只一味地说一些大道理，不仅不会说服对方甚至会让人反感，那么这时候，你可以试试利用暗示效应来沟通。人并不是百分百的理性动物。人的意念、决定，经常会受到一些非理性的感情的影响。所以，哪怕是讲道理，偶尔也需要借助暗示的力量来达到

想要的效果。要注意的是，使用暗示一定要有真凭实据，这样才可以强化对方的潜意识。

另外，暗示法并不是适用任何人，只有那些思维敏捷、理解能力强的人才是最好的暗示对象，因为他们反应灵敏，遇到事情可以进行很快的联想和思考。

如果你遇到了一个反应较慢、理解能力较差的人，你所讲的暗示信息就像是石头掉入大海，很难得到对方的积极响应。

运用暗示效应有三种方法

打开你的衣柜、鞋柜与书柜，你会发现，这其中装着的许多东西都是你不喜欢的，这些东西在被你买回来后，仅用过可怜的一两次，甚者是根本没用过，长久以来一直搁置在那里，一点儿都没有派上用场。

现在，让我来告诉你，搁置的这些东西有 90% 是你在消费中的暗示效应作用下购买的，当时，你很有可能是受到了环境的暗示作用，比方说，你的同事穿上了一件新外套来上班，而且受到办公室所有人的一致好评，因此，在你也希望能够得到同样的赞美的预期心理下，便买了同样的外套。结果是，买回来后你认为穿起来并不漂亮，因此只好把它搁置在衣柜中……

或许，你可能是受到了促销手段的暗示。比方说有个广告说，某件商品回馈老顾客特价优惠，原价要 6000 元，现在只需要 899 元。在这样的情况下，你很有可能会不假思索地买来一件。但事后，你却发现对此你并不喜欢，也就是说降价到 899 元不仅对你没有一点儿帮助，还让你无缘无故地损失了 899 元。

或者，你是受到了商品陈列环境的暗示。比方说，同样一件牛仔裤，价格也相同，如果是摆在地摊儿上，很少有人愿意看上一眼，而如果陈列在百货公司的精品专柜中，当你看到有很多人排着像长龙一样的队伍抢购时，你很有可能会不由自主地关注一下，甚至认为这么好的机会一定要好好把握，因此你也跟着抢购，可以想到，最后的结果仍旧是“赔了夫人又折兵”。

在销售的时候，你可以运用下面三个方法来进行沟通引导和暗示，主动出击，以此来达到预期的结果：

1．重复暗示

重复暗示就是运用同一内容或表现方法，从不同的角度重复要求。通常情况下，一个人如果重复接受相同的事物，是极容易对该事物产生关注和兴趣的，重复要求产生的亲切感，对沟通对象的需求有着很大的暗示。在谈论中重复提示商品的名称，重复阐述产品的优势或者是重复询问对方对该产品的认识，都能够获得暗示效应。

2．正面暗示

许多人对自己运气的好坏、是吉日或凶日、风水是好是坏都非常看重。我们可以利用这种趋吉避凶的心理，达成暗示的成功。比方说“大家都认为我是财神爷，经常能带给顾客财运”“今天可是非常吉利的一个好日子呀”等，我们明白人都期望事情的发展越来越好，因此，人们会更容易接受正面暗示。

3．权威暗示

“权威暗示”就是借用有名的专家、学者、典范、领袖等被公众认可的人物的权威感，用他们的言论来评价事物，或者和一些知名度高的厂商相连，以此来暗示对方，让对方更容易接受你的产品。比方说：“我们公司和C公司也有业务上的联系”“这个产品被XX专家评价为是具有跨时代意义的商品，这会是未来社会的主流”“90%的顾客看到这款产品都会购买”。

运用这三种暗示技巧的时候，也需要搭配婉转的话语或者示意的动作让对方领会，这样他才可以考虑你的产品，这种效果比强迫、要求、指挥的语言能带来更好的认同效果。

善用心理暗示达成交易

一个销售人员的业绩不仅仅是靠客观环境的影响，有90%的因素在于销售人员的脑海中的思想。因此，在你准备和客户交谈之前，一定要有“这场交易一定可以成功”的必胜信念。

有一位厂商代理的印刷设备是国外的知名品牌，在他经营的一年中，他的销售额一直十分差，他甚至想要放弃。为了把公司撑下去，老板挖空心思地想找到一个好办法来提高销售业绩。突然有一天，他想到，既然老办法没效果，不如干脆换个新办法来试试，或许会有意想不到的效果。

第二天，他招聘了一位没有经验也不太自信的销售员，并拿他来试验自己的新办法。

老板先用“你可以的”鼓励的话对这个新业务员激励一番

后，继续对他说道："年轻人，我现在派你到对面十二楼去拜访一位肯定会和你达成交易的准客户，一般公司有新人加入后，我都是会让他们去拜访他，因为每次他都会和我们做成生意。不过我需要提醒你的是，这位老板的脾气很不好，而且他为人古怪，还经常说出很难听的话，他给你的感觉是他会把你吃掉。"年轻人，放轻松。尽管他为人古怪，但他也不过就是吹胡子瞪眼睛，大叫大嚷，绝不会咬人的；你一定要牢记，不论他讲什么，你一定待在那里，并在适当的时候就说：'是的，我能理解您的想法，但是我们的印刷设备是本市最好的，这正好是您所需要的！'"

"不管他说什么，你只需要坚持自己的立场。记住，他肯定会和你做生意的。"

这个新来的销售员为了成功做成第一笔生意，肯定是什么都不怕，他立刻跑到对面的十二楼去拜访那个怪顾客，他向对方热情地做过自我介绍后，还没说几句话，那个怪人就立刻插嘴，销售员只能听着那个怪顾客说着各种各样难听的话和批评……

因为事先获得老板的警告，这个业务员坐在座位上心情平静地听着那怪顾客说话，并且适时地根据老板的指示回答。

就这样，50分钟后，这个怪顾客竟然真的和新来的销售员签订了一笔大订单，这是公司有史以来最大的销售订单了。年轻人高兴得回到公司，把订单交到老板的办公桌上说："老板，您真是料事如神，那个家伙的确是个'怪人'！尽管他脾

气古怪，但却是一个值得来往的生意客户！看看他和我签订的大订单！”听到这些，老板彻底傻眼了，看着订单十分吃惊地说道：“天啊！你是找错拜访对象了吧！你说的那个‘怪人’可是我们公司最难缠的顾客了！我们一年也做不了他一丁点儿生意！”

大家一定觉得很奇怪，为什么很多业务员一年都没办法搞定的顾客，而一个新业务员在拜访他的第一次就可以签订大订单呢?

实际上，最关键的就是这个销售员接受了老板所说的“他肯定会和你做生意的”这一信息，而且他在心中也做好了自我暗示，建立了“我一定能做成功这笔交易”的心理准备。他需要做的就是准备好和客户交谈，甚至是听他大呼小叫，因为他相信自己一定会成功地和他达成交易。这就是“心理暗示”的效果，在你和他人谈判中，只要反复暗示自己一定能够成功，哪怕现实多么不乐观，最后达成交易的可能性也会提高很多。

一定要记住：帮助我们成功达成交易的钥匙有很多，但其中排在首位的钥匙叫作“我一定会成功”！

抓住顾客的购买信号，瞬间达成交易

80%的销售员业绩差的最主要原因不是因为他们不够专业和努力，而是因为他们没有把握住瞬间成交的良机，他们没有分辨并抓住客户的购买信号，错失了成交的最好时机。

众所周知，说服是一门大学问，不管是在工作中还是在平时生活中都具有非常关键的作用，并且对我们的生活质量和命运都有着非常大的影响。说服看上去很简单，但实际难度却很大，不仅要随机应变，还要对症下药，说服一个人最好的方法就是设身处地地站在对方的角度为对方考虑，让他从中得到

好处。

当然，在此之前，我们必须要做的就是说服自己要有一个乐于付出的心态，这样我们才能够用为他人服务的真诚态度去追求期望的结果。所以你一定要先问清楚自己，你是选择付出还是索取。

你是想要坐享其成的人生，还是付出、给予的人生？

一个姓李的秀才和一个姓赵的员外在他们死后，都去地府报到。

阎王爷看过二人的功德簿后说道："你们二人生前都是好人，都没有做过伤天害理的事情，我现在特别批准你们来生重新投胎做人。你们有两个选择：一个是做付出的人，一个是做索取的人。换句话说，一种是过付出、给予的生活，一种是过索取、接受和坐享其成的生活。"阎王爷说完之后，就让他们二人仔细考虑一下，并做出选择。

李秀才想到自己这辈子过着食不果腹、贫困潦倒的生活，既然现在有机会可以过上坐享其成的生活，怎么能够不好好把握呢？因此，他首先说道："我想过索取的人生。"赵员外看到李秀才选择来生要做索取的人，因此，自己只能选择做"付出"的人了，他想到自己生前赚取的钱财，就当作来生把这些钱财都捐赠出去好了……于是，他自愿地选择了来生过付出、给予的生活。

阎王爷听到他们的选择，立刻判定了他们两个来生的命运：李秀才愿意做索取的人，那么他就托生成乞丐，每天向人们索取饭食，靠他人的施舍度日；赵员外愿意成为一个付出的人，那么他来生就托生成一个大富翁，每日行善布施，帮助他人。

这个故事告诉我们，每个人所说的话其实就是他的心态，心态决定着一切！利人才能利己，能够甘愿付出的人，沟通才会更成功。

说服时不要触碰老板的逆鳞

在公司上班，对内沟通最需要的是让老板认同自己，对外沟通则是要让客户认同自己来拿到订单，两者对我们来说都非常重要，关系到我们的事业和前途。正所谓“初生牛犊不怕虎”，许多刚步入社会的年轻人敢说敢做，过度强调自己的观点，甚至会在不知不觉中得罪老板。他们要明白在沟通的过程中不要触碰老板的逆鳞，才可能会成为老板身边儿的红人，最终升职、加薪。

韩非子曾提出“说难”一词，意思就是说服国君时遇到的各种困难。韩非子认为向国君进谏这项工作非常有难度，最大的难度就是君心难测。龙在中国是一种传说中的神物，性情温驯，但是在他的喉咙下方长着一片和其他鳞片的生长方向相反的鳞片，称之为逆鳞，你只要稍微碰到这片逆鳞，龙就会变得异常愤怒。

韩非子的话实际上就是说，每一位君主都会有底线或者是不允许他人冒犯的地方，这是千万不能随意触碰的。从韩非子的建议中我们可以明白：在和老板相处或沟通时，我们一定要避免触碰到老板的底线！

换句话说，触碰老板的逆鳞是一种自掘坟墓的行为，因此，不该说的不要说，当看到老板生气的时候，不要傻乎乎地继续说下去。

别人不希望你过问的事情你就不要去管，不去触碰他人的逆鳞，这才是最明智的。

运用下面三种方法，可以在不碰触老板逆鳞的前提下和老板成功沟通，平时运用这几个技巧，就可以逐渐锻炼出你和上级的沟通能力以及管理能力：

1. 揣摩清楚老板的心思。利用老板感兴趣的话题作为沟通点。平时多观察老板对什么有兴趣，例如，老板喜欢打球，那么在策划内容上可以向相关的领域做出计划。

2. 准备充足，考虑周密。向老板清楚明了地讲述你的方案，用你的说法迎合他，要是想要在工作上提出建议，一定要多做准备，再利用对方可以接受的方法来提出你的建议。

3. 把你的方案和事实联系起来，不能只说不实行。用事实来证明自己的方案，有时候行动更具有说服力。

引导顾客发出购买信号的方法

菜鸟销售员怎样才能取得好成绩？说服顾客是关键，在说服顾客的过程中，除了必要的沟通外，增强“非语言沟通”的能力，则是成功说服的关键。

要是你学会了“非语言沟通”的技巧，就可以了解顾客下一步的打算。仅仅只靠等待机会，来促使交易成功的销售员，他们的业绩常常是非常普通的；只有懂得在整个销售的过程中成功点燃顾客的购买欲望，再抓住时机促成交易，销售业绩才会出类拔萃。

很多销售员常常不够灵敏，顾客早已发出购买信号，但他却看不到，甚至他还在不停地说，最终失去了促成交易的关键时机，从而导致交易的失败。

通常来看，有90%的顾客出现购买意向，都会表现在他的语言和动作上。比方说在语言上，他们可能会咨询价格，开始讨价还价，咨询付款的条件和方式等，甚至有人会问起关于包装、运输、安装、保修期售后等问题。同样在动作上，他们也会重复出现注视、把玩产品，甚至是把你的产品和其他产品放在一起做比较，或者是用不同的方法来使用产品，寻找产品的缺点和瑕疵等。

这时，你一定不能认为这是顾客在挑剔或是找麻烦，而产生没耐心、厌恶的样子，或者是发牢骚。你要知道，嫌货才是买货人，当顾客出现斤斤计较、挑剔等行为的时候，就是他已经发起了想要购买的信号，这个时候一定要把握好机会，立刻引导顾客开始讨论订单，把握好销售的最佳时机，快速地引导对方达成交易。

用引导顾客下定决心购买的方法

所谓的兵贵神速，当顾客有想要购买的心思时，你必须立刻正面引导客户，让他明白马上购买才是最正确的。可以试试用下面的方法来引导顾客埋单：

1. 要有自信和热情。在引导对方的时候，说话语气一定

要自信，切忌使用半信半疑、犹犹豫豫等不确定的字眼儿。

2. 合理使用肢体语言。除了用自信的语言来引导对方外，也可以通过使用肢体语言来表达你对双方之间关系的珍惜，和顾客握手，或者是微笑地注视着顾客，用自信、大方的行为来感染顾客，让对方更加信任你。

那么怎样在和顾客沟通时，点燃顾客的购买信号呢？你可以试试下面几个步骤：

一、多和顾客进行互动

在和顾客沟通的过程中，顾客的购买信号可能会多次出现；而且，购买意愿是会随着访问次数的增多而增强的，对于同一产品，互动的次数越多，顾客购买的意愿就会越强，特别是在

对于价格较高的产品销售时，互动次数越多，顾客购买的概率就越大。

二、建立和顾客的信赖关系

单靠销售产品的态度和顾客交流，肯定是很难成功的。沟通中最重要的事情就是和顾客成为朋友，拉近关系。购买心理学告诉我们一个重要的原则：当我们和顾客建立起互相信任的关系后，顾客就会自然而然地向我们购买产品，因为当我们得到顾客的认同和信任时，他们同样也会认同和相信我们卖的产品。

三、想办法软化对方的反对意见

在沟通引导对方的这一过程中，顾客可能会随时提出反对意见，你没有必要一一给顾客解释清楚，因为对于一些反对意见，你也是根本没有办法来解释，你所需要做的就是用缓和、友好的方式来和对方沟通，软化对方的反对意见。

你要知道，客户的反对意见并不是针对你，你的目的也并不是打败对手，而是你要让他相信在他购买你的产品后他会得到相当大的利益，因此，你要做的就是想办法化敌为友，清楚明了地让对方了解产品的价值以及带给他的收益。

那么应该怎么处理反对意见呢？首先，你要表现出一个非常乐于接受建议的样子，而且要适当地安抚对方，例如说："很高兴您能提出这个问题，因为我之前也是有着同样的疑虑。您的眼光真是非常不错……"

安抚对方可以转移对方的注意力，让对方的反对意见变得

不再那么重要，然后你再给顾客一个不得不买的理由，很快你就会发现顾客向你发出购买信号了。

四、效仿对方的行为

心理学上有这样一个观点：人们喜欢和他们具有相似特点的人做生意。换句话说，在和顾客沟通的过程中，要是你可以效仿或者重复对方的动作，下意识地模仿对方，也就是在向对方表达你同意他的观点这样一个信息，很容易让对方对你产生好感，自然也能够加速激起对方的购买欲望。想要成功地引导顾客达成交易，我们就需要了解对方的真实需求，这就需要我们具有较强的观察力，通过肢体语言来了解对方的真实想法。这也许并不是一件容易的事情，但是只要你多用心观察，你就可以比较容易地看明白对方肢体语言的实质。这样一来，读懂对方的肢体语言就会容易很多。

顾客不可能是让人随意摆布的棋子，他们是有感情、有独立思想的人。因此，他们很有可能会为了反对而反对，既不讲理又无情，甚至还会反反复复，不仅会对你的真诚建议视而不见，甚至会不断提出意见，拒绝你的销售，拒绝你的推销建议。

一个顶级的销售员会有非常强大的谋略能力来突破被拒绝的境地，而且可以让顾客的态度从拒绝逐步转变为接受，并且点燃顾客的购买欲望。因此，你需要观看顾客的肢体语言，并适当地调整你的言辞和肢体语言。这样，自然会减少你的销售压力，快速地促成交易。

善用想象促成交易

现在的消费市场竞争十分激烈，每个销售员为了争取订单都进入了你死我活的状态，想要促成顾客的购买行为，要是没有说服力，可以说是很难成功的。

70% 的销售员在销售产品的道路上会出现失误，他们出现失误的真正原因不是因为没有上进心，专业知识掌握不牢固，为人懒惰，他们真正缺乏的是强有力的说服力。

销售实质上就是说服对方，不管你是哪一个行业的销售员，最重要的工作就是运用说服技巧让顾客愿意购买你的产品和服务，换句话就是说，具有说服力是销售的核心和关键！

在我们的平常生活中，你的顾客可能更希望说服你，让你来接受他的看法，比如买不起、东西太贵、能不能便宜一些等。但是，在你和顾客之间，最终只能有一个人胜利，那么，在每次沟通时，你是能成功地说服对方，还是被对方说服呢？因此，不断学习百战百胜的说服力，同时展现出你的专业技能和沟通能力，才会让你成为一个顶级的销售人员。

说服力和亲和力一样重要

为什么有的顾客会刚听完销售员的一席话后就会立刻花钱买下他的产品呢？为什么一些医疗美容顾问的销售业绩总是比别人更好呢？为什么……

实际上，销售成功的关键就是你的沟通能力。显然，拥有良好的沟通能力能更有效地促使交易的成功，尤其是你在客户面前表现出来的说服力。亲和力固然重要，但说服力也同样重要。或许你拥有无人能企及、非常强大的亲和力，是真正懂得关怀对方的一个人，但这并不能保证你一定可以达成这笔交易。

因为说服是一门艺术，更是一种技巧。销售的本质其实就是能够说服顾客来促成交易。从顾客的角度来看，在很多的情况下，你介绍产品和服务的方式比你的人格和信誉要重要得多。

那么，我们应该怎样清楚、生动、形象地把我们的产品介绍给顾客，并让顾客愿意听呢？下面介绍 6 个方法，运用这些方法可以让你说出的话更具有说服力。

1. 抓重点。一个合格的销售员应该对自己的产品和服务了如指掌，才会让顾客觉得你是这方面的专家。但是你没有必要把产品所有的资料全都告诉顾客！

你需要做好充分的准备，收集足够的数据和素材，筛选出顾客最需要的信息，并了解顾客的特点、习惯和需求，用最通俗易懂的话语给顾客介绍，比如你可以运用一些故事或实例来表达出你想要说的内容，方便顾客更直观地理解。

2. 用数据说话。最能说服别人的就是举例说明，举例说明的形式多种多样，其中最可行的就是用数据说话。

用数据说话有时胜过千言万语。说个简单的例子，当我们强调吃油炸食物对身体有害的时候，假如我们不停地说“一定不要再吃油炸食物，它里边含有很多致癌物质。”这种说法很难让人信服。而如果我们换一种说法："根据调查显示，吃油炸食物比不吃油炸食物的人患大肠癌的概率要高出八倍。"这样说更能突出吃油炸食物的危害，也更具有说服力。

所以，在说服顾客之前，要仔细揣摩自己的销售术，尽最大可能不使用那些不确定的词语，而是用事实数据说话，以此来增强我们的说服力。

3. 用图像说明。见到的肯定会比听到的更直观，假如你是汽车销售员，就可以利用平板、笔记本等电子产品，直接调出 PPT 来让对方直观观看。

4. 用自己或他人曾经的感受和经验来增强说服力

销售本人的个人经验对顾客来说，可信度较低，因此，当你运用自己的经验来说服对方时，一定要讲客观真实，让对方觉得可信。他人的经验，特别是顾客熟悉的人或者名人的经验，说服的效果是最好的，因为熟悉的人让对方感觉到亲切，名人的权威性、可信度都较高，容易让顾客产生跟从心理，这样的说服效果会非常好。

5. 用产品的味道吸引顾客。人的好奇心特别重，喜欢自己亲自去尝试、接触和操作一些新鲜事物，因此在销售的过程中让顾客参与进来，才能更好地吸引他们的兴趣。要是你的产品的特色是它的味道，那么你就介绍产品的味道，以此来吸引顾客。

任何产品都有它独特的味道，被誉为"世界推销大王"的乔·吉拉德就非常善于运用产品的味道来推销，他在和顾客接

触的过程中，总是会先想办法让顾客亲自“闻下”新车的味道。他会让客户亲自坐到驾驶位置上掌握方向盘，触摸、操作一下。要是客户的家就在附近，乔·吉拉德甚至会建议客户把车开回家，让他在自己的家人面前去显摆一下，这样客户会在最短的时间内被新车的“味道”所吸引。根据他的经验，只要是坐进驾驶室并亲自开了一段距离的客户，最终都会购买他的车。即使是当时没有购买，没多久之后也会回来购买。

6. 给顾客一个要买你产品的理由。可以让你的说服力效果更好，让顾客觉得值得购买，并且心情愉悦。请看下面几点

建议：

〈1〉运用 SPIN（SPIN 译为顾问式销售法，指用提问的方式了解顾客的需求）的询问方式，找到顾客的真实需求和顾虑。

〈2〉介绍清楚产品的好处以及带给顾客的利益。

〈3〉讲一个“谁用了这个产品”的故事。

告诉顾客如果使用这个产品可以获得同样的好处；不会再出现不用时的痛苦。

〈4〉激励顾客现在就购买以及可以从中得到的益处。

正所谓创造出顾客的想象力，你要知道：“你卖的不是牛排，而是吱吱作响的美食声！”顶级销售员都明白怎样让顾客想象使用产品后带来的美好感受，以此来增强说服力的效果，深化顾客的购买动机，快速达成交易。

第四章

倾心交谈，把话说到客户的心里去

人一生中，清醒时都在沟通，不说话也是在沟通。认识人，了解人，你就无所不能。

我们的世界是人与人构成的世界，无论我们在做什么，或者想做什么，都必须与这个世界上的人进行沟通，而且是有目的地沟通。在人与人沟通和交往的过程中，人心可谓是最神秘、最无法把控的。但是要打开人心这扇紧闭的大门，也并非毫无办法。有句话说得好：用真心换真心。

认真聆听，让客户感到自己受重视

有经验的销售员都知道，超高的冲动控制能力是他们取得成功的法宝。这种能力可以帮助他们控制或是延缓做出某种行为的冲动。他们会耐心地聆听并提出适宜且尖锐的问题，不会为了展示自己的能力，就过早地在销售初期提出不成熟的解决方案。

冲动控制能力强的销售员擅长在说话前认真聆听。他们会等到清楚地了解了客户要面临的问题后，去和他们讨论这些问题可能带来的后果，然后一起去解决所面临的问题。他们愿意花时间去了解顾客内心最迫切的需求，所以他们往往能在这次合作中获得最大的利润。

而冲动控制能力差的销售员缺乏足够的耐心，他们只想以最快的速度完成交易，所以他们很容易在聆听前就采取行动。当顾客提出某个问题后，他们会马上提出解决问题的方案，但是这个方案往往不够成熟,很容易让他们进入到解决问题的“笼子”里。对于销售人员来说，他们每天都会重复地回答无数个相同或相似的问题，所以他们不愿意花更多的时间去听，他们甚至不愿意花时间提出充分的问题，去了解客户的真实需求。

作为优秀的销售员，我们需要掌握控制立即向客户提出解决方案的冲动的能力，我们需要花足够的时间去聆听与思考客

户的真实需求。很多销售人员在接受培训的时候，都会被灌输一种观念——留意客户的“购买信号”，所以，一旦察觉到顾客有购买欲望时，就冲动地做出不成熟的解决方案，通常会使他们陷入“留意购买信号”的陷阱当中。这些购买信号其实就是销售员需要面对的挑战，但问题是销售人员一听到这些问题就会感到兴奋，他们会马上沿着这种“信号”往前推进，他们根本不知道客户所面临的真实的问题到底是什么。

维护客户的面子

人人都有虚荣心。在消费中，虚荣心就是“不选对的，只买贵的”。同一价位的，就选牌子最大的；同一品牌的，就买最好的、最贵的。虚荣心使人们无论处于何地都追求一种优越感，而这种优越感对销售人员来说就是一种很大的助力。销售人员想要顺利拿到订单，只要把客户的这种心理搞清楚，看破不说破就可以了。

在现实生活中，有很多人喜欢向周边朋友炫耀，“你看我这个某某牌的包包”“我刚买了最新款的什么什么”，他们通过炫耀，让周围朋友觉得自己活得光鲜亮丽，过得比他们好。他们买东西只是想让别人羡慕，并不是自己真的需要它。其实是一种自我心理满足的体现。他们自尊心强，但是能力又有限，不够自信，害怕被别人看不起，缺乏安全感。所以，他们无论做什么事都一定要跟别人攀比，摆阔气，讲排场，证明自己比别人更强。在消费方面，就是买什么东西都要买最贵的、最能体现身份的、最特别的，通过这些来引起他人的关注，不遗余力地证明“我跟他们不一样”。

当销售人员面对这样的客户时，在不坑害消费者的前提下，对他们进行积极的引导，可以适当地推荐一些价格比较高的商品。在销售过程中，销售人员要满足他们的心理需求，可以时不时地跟他们说几句好话，顺着他们想法走，不要自顾自地给他们介绍一些低价商品，会让他们觉得你看不起他，导致他们转身就走，失去这次机会。

避免与客户发生争论和冲突

在销售过程中，销售人员会遇到各种各样的顾客，有一种人特别爱和别人斗嘴。他们不管遇到什么都爱批评两句。

当销售人员遇到这种爱争论的客户时，要避免和他产生冲突，无论是谁在理都要让他三分。销售人员的最终目的并不是在争论上一较高下，也不是非要弄清楚谁对谁错，我们只是为了把自己的产品成功地推销给客户。

每个销售人员在销售过程中，都会与客户出现意见分歧。关键是销售人员应该怎么处理遇到的分歧。有时，一场“面子之争”很可能使一桩濒临失败的生意起死回生。为了让沟通继续进行下去，维护和保全客户的“面子”就显得尤为重要。所以，销售人员在销售过程中要注意：

1. 尊重顾客，不要带有指责意味

销售人员不应该在众人面前纠正客户的观点，谁都不会喜欢被别人说“你哪儿不对”，在朋友甚至陌生人面前失了面子。就算顾客真的有错误，我们也不应该直截了当地说他不对，我们要保全客户的面子。做零售业的顾客很了解尊重的道理，我们尊重他们，他们也会尊重我们，我们保全他们的面子，他们也会保全我们的面子，双方共同的尊重就会使彼此的关系有更长久的发展。

2. 不要“指导”，多多建议

没有经验的销售人员有时会直接指出顾客经营中的错误，这样的行为就犯了大忌，这无疑是告诉顾客“我都知道这样是错的，你却还在做”，这会让顾客觉得我们在抬高自己的能力，贬低他们，肯定会适得其反，失去本应存在的客户。“指导”是一个自我主义非常强烈的词语，对待自己的顾客不应该用这种语气，“顾客就是上帝”，我们应该对顾客进行赞许和肯定，并委婉地用一些建议的语气，比如“我想……”“我觉得是这样……”等来提醒客户你这个地方是错误的，需要进行改正，这样既可以让顾客虚心接受我们的建议，也不会让顾客觉得没面子。

3. 赞美顾客，肯定他们的想法

每个人都好面子，都喜欢把自己最好的一面展现给别人看。当碰到结伴儿而来的顾客时，我们要把握住机会，可以不断地说一些赞美之词，如“您穿这件衣服真是太好看了”“您真有眼光”等，让顾客觉得在朋友面前赚足了面子，同时顾客也会对我们产生好感，那么达成这次交易就是意料之中的事儿了。

作为销售人员都应该知道一句话：人性最深处的渴望，就是渴望得到别人的恭维。面子对于某些客户来说，远远比金钱重要。销售员一旦抓住客户的这个软肋，成交自然水到渠成。

消除客户的疑虑，使客户当机立断

每位顾客在购买产品时都会考虑很多事情，犹豫不决是很正常的。但是如果销售人员面对顾客犹豫不决的情况时，不能正确地处理所面对的问题，就很可能会造成此次交易的中断，使销售人员白白浪费口舌。

顾客不能干脆果断地下定决心购买产品，大多数是因为他们心中对产品的定位还不是特别准确，对产品功能还有疑虑，或者是这个产品并不能满足他所有需求。从表面上来看，这种情况是产品成交的障碍，但是如果销售人员能积极地引导顾客，便能成为绝好的销售机会，有很大的可能性可以达成交易。

销售人员用反复强调产品优点的方法来说服那些顾虑甚多的顾客，很难取得成功，这样做并没有解决顾客的实际需求，所以，销售人员说再多的优点也打消不了顾客内心的顾虑。对于这种情况，销售员可以采取两种方法来应对：

1. 切实找到客户的疑虑所在。

不要急于求成，一味地鼓动客户购买产品。

2. 运用一定的技巧。

循序渐进地消减客户的疑虑甚至是打消客户的疑虑，来增强他们的购买欲望。

掌握了这两种方式，就会很容易达成交易，取得成功了。

还有一些人之所以犹豫不决，是因为他们性格优柔寡断。他们习惯于在做出一个决定时反复思考，即使相信产品和服务的质量，也很难立即做出决定。对于这个群体来说，好处并不是主导他们做决定的因素，责任和损失才是他们着重需要考虑的地方。他们很怕自己考虑得不够周到，总是担心自己会不会遗漏掉某些地方，担心自己做完决定会不会很快就后悔。

销售人员在面对这类顾客时，首先自己要有信心，并且要有十足的耐心，千万不要逼迫顾客马上做出决定。通过自己真诚和良好的服务赢得对方的信任，鼓励对方主动思考问题，尽可能地把谈话中心围绕在销售上，但是也不能谈太多复杂的问题。如果顾客是和朋友一起来的，一定要认真对待顾客的朋友，因为他们的意见可能会对交易的结果产生重大的影响。

那么，当客户犹豫不决时，作为销售员应该怎样解决这些状况呢？

1. 找出问题的根源

如果顾客一脸不舍的样子，但还是没有下定决心要购买，就是他们对产品本身还存有一些疑虑。而销售人员最先要了解的就是顾客的疑虑是什么，进而寻找解决的办法。

因此，销售员通过顾客的言谈举止对他犹豫不决的原因做一个大致的揣测，也可以直接询问顾客，让他说出犹豫的原因。切记要用委婉的方式向客户提问，如此，顾客多多少少也会碍于面子，透露一点儿原因。这样，只有了解顾客真实的需求，才能继续进行下一步行动。

2. 挽回即将丢失的顾客

销售人员要具有良好的临场应变能力，在顾客提出自己的疑虑后，要马上想出解决问题的方法。但顾客很有可能并不满意销售人员给出的答案，这时，首先要做的就是留住顾客，因为顾客一旦离开，是很难再回来的，这场交易也就告吹了。

只要顾客肯留下来，销售人员就有机会能促成这次交易。销售人员可以谈一些顾客感兴趣的话题以吸引他们的注意，延长顾客停留的时间，找到成功的办法。

3. 激发顾客的购买欲望

想要引起顾客的购买欲望，可以把要推销的产品和一些容易引起购买欲望的小产品搭配起来，一起介绍。顾客很难对一种产品一见钟情，下定决心去买，所以这就需要销售人员的正

确引导，激发顾客的购买欲望。销售人员必须要掌握调动客户购买欲望的方法，才能增加成功的概率。

4. 加深客户对产品的印象

有时候，顾客可能考虑完之后并不会购买产品，这时销售人员一定不要灰心，要转变和顾客之间的沟通方式。对于客户想要货比三家的想法，给予一定的理解，并且表示依然欢迎光临的态度。但是销售人员要在客户离开之前做一件重要的事儿，就是加深顾客对自己产品的印象，明确地向顾客介绍产品独有的特点和性能。

但是销售人员一定要注意，顾客在这时的举止和表情，只要客户表现出不耐烦，马上停止产品的介绍。这时候，沉默才是销售人员需要保持的最好状态。

面对固执的顾客，让他自己选择

还有这样一类客户：他们认死理，爱钻牛角尖儿，经常抓住一件小事儿不放，他们坚定地坚持自己的观点，不相信别人的说法，不管你怎么说，他们还是坚持自己所认为对的，很难被说服。这种就是典型的固执型客户。

遇到这种顾客，销售员只能“自认倒霉”了，这种类型的顾客很难搞定。他们一旦认定某种观点就不容易改变，且不顾观点正确与否，不会随便接受他人的观点，也不会改变自己的

观点。但是优秀的销售人员还是有方法能够轻松地应对这类顾客，让他们成为买家。

这种类型的人，他们总是把自己放在世界的中心，觉得自己说的都是对的，同时也希望别人能够认同自己的看法，希望别人能够按自己的意愿去行事。这是一种统治心理，他们有强烈的表现欲望，希望每个人都能认同他。所以，在这种情况下，销售人员要把他们摆到主人的位置，让他们自己去进行选择。

销售人员可以这样说：

“女士，看得出您很懂行，您可以自己选择您喜欢的，有什么需要，您随时叫我。”或者“您看起来很有主见，想必您心里已经有适合的选择了。”

这样把顾客放到主体的位置上，让他们选择自己喜欢的款式，完全按照自己的想法来挑选商品，然后销售人员再借机适当地提及自己的认同，顾客肯定不好意思放下就走，交易很快便可以达成。如果销售人员一味地介绍产品优点，而不去顾及顾客心里真实的想法，不听从他们的观点，顾客心里肯定会不高兴，转而提出很多问题来刁难销售人员，来维持自己的观点。

固执的顾客是每个销售人员都不愿意遇到的。因为他们往往很有主见，以自我为中心，甚至固执己见，不愿意听取别人的意见。其实，只要销售人员用一点儿小技巧，就能很轻松地应对这类顾客，销售人员不应该试图强迫顾客改变他的意愿，他们应该顺着顾客的思路进行销售。对于销售人员来说，最准确的做法就是顺着顾客的想法，让他们自己去选择，把他们摆在主动的位置，完全按照他们自己的意愿，轻轻松松实现销售目标。

销售人员一定要有足够的耐心，还要有足够的信心，并且要善于观察顾客的行为举止和心理变化，善于寻找顾客最根本的需求，抓准时机说服顾客，达成交易。

想要说服这种固执型的顾客，销售人员要做到：

1. 从根源上解决固执问题

固执有两种，一种是天性如此，还有一种是特别在意某些问题。在销售过程中，他们所固执的内容大多与产品有关。所以，销售人员最先要做的就是倾听，快速找出顾客对产品存在固执态度的真正原因，并想尽办法解决遇到的问题。

2. 一定要对顾客说“实话”

销售人员如果仅仅只是站在个人立场上来对顾客进行解说引导，很难把那些始终坚持自我观点的顾客说服，这时候对顾客说“实话”是最好的解决方式。尤其销售人员要借助一些成功人士或权威人士的观点，把事实摆在顾客眼前，让他们充分认识到事情的本质，要改变简单的对话，这样很有可能会改变顾客的观点。

3. 肯定顾客的想法

有时，这种类型的顾客所认定的观点并不正确，甚至是完全错误的，他们的观点往往具有浓重的个人主观色彩，对事实并没有什么价值。尽管如此，销售人员还是要适当地肯定顾客的想法，从他们的观点中找到正确的方面来进行引导，这对维

护双方关系的融洽具有很重要的作用。

真诚地面对每位顾客，尤其是沉默寡言的顾客

沉默寡言的人大多性格内向，不善于与人打交道，他们对待陌生人多是冷漠的态度。这种类型的人，在买东西时总是反复掂量、反复思考，他们虽然会认真倾听销售人员的劝说，但反应冷淡，很难说出自己的想法。他们会对不熟悉的人充满戒备，尤其是在销售人员主动攀谈的时候，打破他们的心理防线是一项很重要且艰难的工作。销售人员在面对这种类型的顾客时，总是会感觉无从下手。而且这类顾客在购买商品时总会考虑很长时间，他们甚至会在一个小问题上反复纠结，所以，面对这种情况，急于求成是不可取的，需要放慢脚步，一步一步地推进销售工作。

这种沉默寡言的顾客看似迟钝，但其实他们每个人心里都有自己的打算，他们很明白自己需要什么，销售人员要做的就是等待。在外人眼里，他们总是波澜不惊，但其实这只是他们面对陌生人的一种本能。这并不代表他不喜欢这个产品，他们只是习惯了什么都在心里计较，而不表现出来。销售人员面对这样的顾客，一定不要过早地放弃。

实际上，内向型的顾客并不是很难搞定，销售人员不要被他们的面部表情所蒙蔽，只要让他们感觉到你的真诚，友好地同他们交谈，很容易能够获得他们的信任，那么销售工作就能很顺利地推进下去了。

内向型的人，他们普遍思虑过多，他们有很强的逻辑思维能力，善于思考和分析，他们往往对熟悉的人特别依赖，从不会对信任的人产生怀疑，在信任的人面前无话不说。所以，销售人员首先要获得这类顾客的信任，谈话过程中语气一定要足够真诚，态度要足够诚恳，说话要有理有据，不夸夸其谈，过分扭曲事实。对他们来说，诚实是最重要的一件事儿。

另外，内向型的人往往不善于表达，他们很少发表自己的意见，但其实他们内心也会有自己的想法。所以，销售人员要

善于根据顾客的行为举止分析顾客的心理，并进行适当的引导，才能得到很好的结果。

举个例子：

一个十三四岁的小女孩儿来到一家玩偶商店，她走到了一个洋娃娃面前停住了脚步，拿起来反复看。

销售员："你好，欢迎光临，你有什么需要吗？"

小女孩儿："我看一下。"

销售员："你看这个洋娃娃怎么样？"

小女孩儿："挺好看的。"

销售员："喜欢就可以买呀！"

小女孩儿："……"（慢慢走到了另一个带小兔子的小台灯面前）

销售员："你喜欢哪一个？"

小女孩儿："……"（在店里转了一圈儿出了店门口）

由于销售人员没能细心观察，忽视了顾客的内心需求，导致错过了一桩本应成功的生意。在实际生活中，销售人员很容易把这种类型的顾客当作过客，很少能关注他们，但其实这种类型的顾客购买的可能性会更大。

销售人员应该这样做：

销售员："喜欢就可以买呀。"

小女孩儿："……"（慢慢走到了另一个带小兔子的小台灯面前）

销售员："你是想送人吗？"

小女孩儿："对。"

销售员："那你想送给谁呢？男生还是女生呢？"

小女孩儿："我想送给我的同班同学，是个很可爱的女孩子。"

销售员："小姑娘呀，那刚才那个洋娃娃很适合呀！你同学肯定会喜欢的。然后我再帮你包装一下，可以吗？"

小女孩儿："她会喜欢吗？"

销售员："这个洋娃娃很可爱呀，很适合她。如果你觉得不适合也没关系，你可以挑选一个你觉得更适合的。"

小女孩儿："我觉得那个小兔子台灯好一点儿。"

销售员："那个也很可爱，那需要我现在帮你包起来吗？"

小女孩儿："好的，谢谢。"

销售人员在与内向型的客户交流时，不要气馁，一定要有足够的耐心，虽然他们反馈的过程稍微有点儿长，但往往他们说出的每一句话都包含很多信息，提出的每一个问题都足够尖锐。销售人员只要耐心等待，从透漏的信息中找到他们的心理需求，很容易能够制造销售机会，达成销售目标。

那么，应对这种类型的顾客，要怎样做才能让他们透漏出更多的信息呢？

1. 时刻揣摩顾客的心意

不擅长用嘴说的人往往会通过表情、眼神、动作来表现出他们的心理变化，而且他们说出来的只言片语中肯定隐藏着最迫切的需求。

销售人员需要通过这些肢体语言来判断他们的真实意向。所以，销售人员要有足够的细心、耐心来应对内向型顾客，并且要善于观察顾客的行为举止、眼神变化，揣摩顾客的心理，了解他们的需求。哪怕是一回头、一停脚，销售人员也要捕捉到，并加以利用，因为这都是顾客在隐晦地表达对产品的不舍。

2. 打开顾客的“话匣子”

内向型的人，天生不善言谈，他们在陌生人面前尤为沉默，购物时也一样。虽然销售人员可以凭借细微的观察知晓一些顾客内心购买意向的信息，但这些信息往往不够直观，销售人员所做出的判断也并非完全正确，很有可能会出现错误，给双方造成尴尬。因此，销售人员不但要学会善于观察，还要学会调动顾客的情绪，打开顾客的“话匣子”。

想要把内向型顾客变得外向，就要求销售人员必须具备良好的沟通能力，并且要准确地抓住切入点，发挥他们的三寸不烂之舌，尽可能地让顾客自己说。双方之间的交流一旦增多，销售人员得到的有效信息也会越来越多，成功就变得轻而易举。

3. 创造适合顾客的交流环境

有一句话说得很正确：物以类聚，人以群分。外向的人喜欢和外向的人交朋友，内向的人喜欢和内向的人谈心事儿。和内向型的人交流，并不是话越多越好，他们有自己的交流方式，销售人员不应该打破他们原有的交流方式，而应该学着去适应这种氛围。用顾客更为熟悉的方式去和他们交谈，不仅能更加流畅地交换彼此的想法，还有可能消解他们的防备之心。也能帮助销售人员更快速地找到顾客所关注的方向，大大提高销售成功的概率。对于销售人员来说，是一举多得的事情。

顺着顾客的意愿交谈，尤其针对外向型顾客

有内向型的人，相应的，也会有外向型的人。通常，外向型的人很受大家欢迎。因为和他们交流起来很方便，他们无话不谈，提出的每个话题他们都能接上。遇到这种类型的顾客，销售人员肯定会笑得合不拢嘴。和他们交谈，销售人员会觉得有自己的用武之地，不会感到压抑。当销售人员给他们介绍商品时，他们会很主动地倾听，并且提出自己的想法。

销售人员在面对这种类型的顾客时，也应该按照他们熟悉的方式来和他们进行交谈，并且在交谈过程中不要啰唆，说话要干脆利落，同时要准确地回答顾客提出的问题，在这种环境中，更容易使顾客愉快地和销售人员交谈，就能很轻易地拉近两人的距离。

外向型的顾客很容易对同一事物产生厌倦，所以，销售人员不要一直和这种类型的顾客重复同一件事儿；他们很容易对新鲜的事物产生兴趣，销售人员应该通过交谈掌握顾客感兴趣的事物，摸清他们的意愿，销售人员切记，一定要顺着顾客的思路来引起他的兴趣，并且在恰当的时机提及自己所要推销的产品。但是，即便是在谈生意，也要适当地和顾客开开玩笑，

不要把气氛搞得太僵。轻松愉快的谈话氛围更容易被大众接受。

那么，现实生活中遇到这种类型的顾客，销售人员应该要怎样应对呢？

1. 把主动权掌握在自己手中

外向型的顾客很容易在谈话过程中逐渐变为以他为主的场面，所以销售人员要特别注意把控谈话的方向，千万不要被顾客"带偏"。不要过多地在一些与销售无关的话题上打转，销售人员要尽量掌握主动权，保证销售工作能顺利进行下去。

2. 倾听要听"对"

外向的人会向外界传递很多信息，而这些信息里面有一些没用，有一些却很有价值。销售人员需要把这些有价值的信息提取出来。在购物时，他们会透漏出很多信息，如衣服的花色、

搭配的方法、流行的元素等，而这些信息对于销售人员来说非常重要。

3. 顺着顾客的话题赢得销售机会

在销售过程中，说要比不说好，顾客提出的问题越多对销售人员越有利。

当顾客谈及产品性能时，销售人员可以在介绍产品性能的同时介绍一些产品的做工、外观等，以引起顾客对产品的浓厚兴趣。顾客一旦产生兴趣，销售工作就能很容易地展开了。

第五章

被拒绝，要学会兵来将挡，水来土掩

就目前来说，未来的一切都是未知的。将要面对什么，经历什么都不是我们自己可以决定的。对于销售人员来说，他们永远不知道顾客的下个问题会是什么，所以为了能够从容地面对，就需要每个销售人员具备兵来将挡，水来土掩的能力。

面对顾客的“刁难”，要学会“见招儿拆招儿”

大多数人都有一种习惯，他们总是喜欢在做出决定后再犹豫一下，“我真的要决定买它吗”“我这么做真的对吗”等，就好像是他们给自己的最后一次反悔的机会。所以在购物过程中，每当销售人员提议成交时，他们一定会拖延几分钟，延缓交易的达成，甚至会给自己找出拒绝的借口。但是他们说出的话通常不是拒绝的真正理由，只要销售人员能够找到这个理由并解决其中的问题，就有机会销售成功。

实际上，那些临场又拒绝的顾客，并不是不喜欢这件产品，他们只是欠缺那么一点儿决心，所以销售人员就需要“见招儿拆招儿”。

1. 找出关键问题

有一句话叫作趁热打铁。如果顾客说出“我再看一下”这样的话，销售人员应该立即把话头儿打住，引导顾客继续看自己的产品，否则生意就做不成了。

2. 紧追不舍

有些顾客并不喜欢销售人员跟随，想要自己随便看看。这时候销售员应该怎么办呢？必须要把顾客抓牢，可以对顾客说：

“先生（或者女士），您可以好好考虑一下。我会在这儿等您考虑的结果。”

并且委婉地告诉他，自己必须留在这儿回答他的问题。

3. 善于运用问句

如果一位顾客对产品有兴趣，但是他说要考虑一下。销售人员可以运用一些简单的问句把话题绕回来。这时顾客所说的应该就是他们真正的理由。销售人员可以再明确地问一次他想考虑的原因，然后再针对问题进行解决。为了促进交易进行，销售人员可以这样说：

“先生（或者女士），您既然说要考虑一下，那就是对我们产品真的有兴趣，对吗？”

当说完这句话后，切记要给顾客一点儿反应时间，等他们做出反应，会对销售人员接下来的工作很有帮助。

如果顾客说他对这个产品确实有兴趣，销售人员应该确定顾客真的对它有兴趣，会真的考虑，然后销售人员可以多给顾客举几个例子，把能得到的好处给他们列出来，让他觉得你说得很有道理。

最后，你可以问是不是价格方面的问题，如果是并且确认的话，已经打破了既定的规律。如果销售人员能够处理好，就有很大的可能性完成交易。

在询问价格问题时，可以再问一下还有没有其他方面的顾虑，以确定价格就是最后一项因素。

但如果顾客购买的意向并不大时，可以不必急着提出价格，因为这无疑是将顾客拒之门外。他们本来购买意向就不强烈，一谈价格更不愿意买了。

注意：绝对不要把最后的决定权交给顾客独自完成，尤其在你根本不清楚顾客需要什么的时候。

当顾客以“货比三家”为由拒绝时，要着重突出产品质量

还有令销售人员特别气馁的一件事就是在你把产品优点、性能向顾客清清楚楚解释明白后，顾客说他再去别家看看。不过，面对这种状况，销售人员也不要灰心，优秀的销售人员有很多应对这种状况的小技巧，用来改变顾客的看法。

1. 着重强调产品的质量

当顾客说“我再看一下”时，销售人员最先要做的是判断顾客真正想要的是什么，质量？外观？服务？还是价格？销售人员只有弄清楚这一点才能找对根源，“按方抓药”。

2. 一定要理解顾客的要求，如果碰到顾客打电话咨询产品信息，当你介绍完后，顾客说他再到别家问问。这种情况，销售人员应该通过询问尽快了解顾客真正的顾虑，然后针对顾客提出的问题进行解答。

3. 特殊情况可以摆出一种高姿态

顾客：“麻烦您了，我只是看一下，我再到别的地方转转。”

销售人员：“如果您是对产品功能有什么疑虑的话，我可

以给您做一下对比，这种是价格便宜的产品，而这是我们的产品（做演示）。您看这两种产品质量是明显不同的，如果您还是不满意的话，也可以到别家去看看，我们的产品是有质量保证的，不怕被别人比。我敢保证即便您去别家逛了，也还是会回我们店的。”

销售人员摆出了一种较高的姿态，就会让顾客觉得，他家的产品质量肯定是真好，要不然销售员不可能说得这么肯定。在实际生活中，用这种方法是很有效的，一般顾客在听到销售人员这样说后，就不会再犹豫不决，能够很干脆地购买产品。

对顾客讲清“以后再说”的利害

有时候顾客会说一些客气话，如“3 个月后，咱们再谈”，或者“你过些时候，再来找我”，其实他们并不是真的在跟你客气，这只是他们拒绝你的方式。销售人员仍然需要把顾客的真实意图找出来，确定他们拒绝的真正理由到底是什么：

(1) 顾客没有能力购买；

(2) 顾客不能自己决定买还是不买；

(3) 顾客不喜欢你或者你代表的公司；

(4) 顾客认为这个产品对他没什么作用；

(5) 顾客认为产品价格太高；

(6) 顾客不满意提供的售后服务。

如果以上这些就是顾客给出的拒绝理由，销售人员应采取一些措施。

1. 以理服人

清晰地告诉他3个月时间很长，期间可能会发生许多不得而知的意外，会有很多变数，为保险起见，应该现在就做出决定。

2. 直言好坏

一名销售人员小王，有一次，他去见一位老客户，这位客户为人非常谨慎，一件事儿要考虑很多方面，在与小王的交谈中，他总是瞻前顾后，认为为时尚早，不必着急。

“我们过几个月再看吧，现在我们不需要再增加了。”

小王对顾客说：“您也是我们老客户了，所以，我们对于您的优惠是可行范围内最大的。据我所知，我们公司制造的这种设备4个月之后要全面涨价，我这也是为您考虑，如果您过

几个月再看，肯定不会是现在这样的价格。为了不让您遭受不必要的损失，我觉得如果您近期内打算购买这批设备，您可以现在趁价格还没上涨马上签署订货合同，将价格和一些其他的事宜都先确定下来，这对您来说绝对划算，甚至还有价格保值的作用，您看怎么样呢？”

看到顾客瞻前顾后、犹豫不决，小王又补充说：“您早点儿下决定，对我们及时提供货源，您妥善安排投产也是非常有利的，早一天，您就可以早一天投入生产，还可以赚更多的钱。”

小王见顾客仍然有些犹豫，就对顾客说：“当然，如果什么时候您觉得不满意，可以随时撤销合同，但您必须提前 1 个月通知我们，以便安排货物。”小王又给顾客加了一道保险。

这时候，顾客就没什么好说的了，马上签订了购物合同。

在这则故事里，小王让顾客明白了，如果他几个月后再购买会对他造成损失，而如果他现在马上购买，就可以免遭损失，还可以节约成本。而且小王给顾客清楚分析了他拖延交易的后果，让顾客明白现在购买的优势。

用自己产品的优势打败“我已有供货商”

有时，销售人员会遇到顾客说“我已经有供货商了”，这句话虽然说明顾客对现在的供货商很满意，但这并不影响销售人员的销售工作，因为顾客不可能一直只会对一家供货商满意。

如果销售人员继续和顾客攀谈，很容易能够找到突破口。销售人员可以给顾客演示自家产品，或者给顾客派送样品，首先让顾客清楚地了解自家产品的优点，可以先尝试性地签订一个小订单，让顾客心里有个对比，这样更容易让顾客对自家产品产生兴趣，也能让顾客更了解自家产品的价值。

1. 具体问题具体分析

无论面对顾客什么样的拒绝理由，销售人员都应该认真分析顾客的心理、他拒绝的真实原因，然后根据分析结果想出解决办法。最开始，销售人员要了解顾客到底有没有供货商；如果有供货商的话，顾客为什么对现在的供货商满意；如果他已经对供货商有点儿不满意了，销售人员应该具体从哪几方面开始谈判。

最常见的原因是，供货商的服务态度好，服务周到，产品质量有保证，售后服务好，如果供货商库存量足够多，可以随时送货并且价格合理。还有一个原因就是双方合作多年，两方相处成了朋友或者有了更深的利益牵扯。

销售人员在了解完具体原因后，就应该采取一些措施来应对了。

(1) 询问顾客选择的方向；

(2) 了解顾客现任供货商的资料；

(3) 足够专业的解答。

围绕顾客提出的标准进行谈论，提醒顾客思考未来长远的利益，不要仅局限于眼前的一些蝇头小利。

如果顾客被你打动了,你有机会可以向顾客提供详细资料，一定要借机在顾客面前表现一下，并且表明你是很希望得到这个机会的，你可以先给他们提供样品，让他们详细了解产品的优点，或者可以先签一个小订单，用产品质量和完美的售后来证明自己。

2. 突出强调自己产品的优势

3. 提升客户的利益

每位顾客都以自己利益最大化为原则，如果销售人员能够对顾客详细说明自己产品能够给他们带来怎样的无法想象的巨大收益，顾客肯定会动心，并且能快速地做出决定。但如果顾客是自己生产自己投入使用，这样的状况下，销售人员也不要担心。此时，销售人员要做的仍然是对顾客讲解自己是专业的，有哪些方面是他们想不到的。

如果顾客的产品是手工制作的，销售人员也可以跟他们说手工制作在效率上肯定不如机器,而产品的质量也会参差不齐，不尽如人意，而且还要考虑价格的问题。销售人员可以向顾客展示自己产品的优点以及将会给他们带来的收益。

没有时间，要创造时间

时间就是金钱，这句话对生意人来说可谓是一条真理。在销售过程中也是这样，有很多顾客在和销售人员交谈过程中，因为没有足够的时间去了解产品，又不想把话说绝，往往会丢出一句“我现在没时间”。而大好的机会就被这一句“我没时间”磨没了。

“创造时间”就是说需要销售人员在一开始就要用各种办法尽可能多地给自己争取时间。时间就是资本，交谈时间越长，就越能让顾客了解产品的性能、优点等，包括可能存在的缺点，要让顾客感觉到亲切、熟悉，只要跟顾客建立了一种信任关系，就能更好、更快速地进行销售，达到签单的目的。

当销售人员在面对顾客“没有时间”的问题时，没有经验的销售员会脱口而出“没有时间？那好，那等你有时间的时候我们再好好谈。”实际上，这些销售人员的工作是半途而废。在这种情况下，销售人员如果过于保守、止步不前或是临阵退缩，销售工作就很难进行下去。

一般来说，顾客说他没有时间，如果不是借口，就是他在忙。所以，销售人员一定要快速判断出顾客是“真忙”还是“假忙”，然后创造出与顾客交谈的时间。如果顾客真的很“忙”，销售人员可以这样来应对：

(1) 再约时间洽谈

“看您的样子是真的很忙，真不好意思打扰到您，那这样，5 分钟，就给我 5 分钟，我说完立刻就走，您看这样好吗？”如果是真正忙碌的顾客，你先跟他约好五分钟，他可能会愿意抽出 5 分钟的时间来听你说。否则，他不知道你要说多久，就很容易会厌烦，可能会立马转身就走。

(2) 在适当的时候离开

当顾客推辞的时候，销售人员不要等到顾客厌烦了，说出“我说不要就是不要”再离开，而应该在顾客表现出不耐烦之后，说：“对不起，打扰到您了，那我改天再来拜访。”最重要的是，你说“改天再来”，就是说过几天你还会来，这不仅告诉了自己，还提醒了对方：“我还会再次登门拜访。”同时，更重要的一点千万要记住，一定要在离开时给顾客留下好的印象，不要让对方感到烦乱、厌恶。

事实上，销售人员很快会发现顾客“假忙”的概率远高于“真忙”，因此，销售人员需要灵活地运用自己的大脑和舌头，对待顾客一定要有耐心，要把握住各种各样的机会，必要时也可以向后退一步，千万不要把顾客逼得太紧，可以先给顾客寄一些资料，之后再联系。实在不行的话，可以找其他部门的人谈谈，千万不要在一棵树上吊死。现实要求销售人员要有强大的心理承受能力，不能因为顾客几句话就放弃。

下面有一些关于销售人员和顾客谈话过程中涉及以时间为借口而拒绝的谈话，希望能给销售人员带来一些启发。

(1) 现在没空儿，我们最近业务忙，过一段时间再说

应对方式：×× 经理，您的业绩真好，祝贺您。但是同时，由于您业绩好，肯定会有很多竞争者，许多其他的公司也会抢您的生意。但是在我们讲述之后，会对您的公司有更大的帮助。我想，对您来说，您一定是希望您的业务比现在更多，业绩会增长得更快，您说对吗？所以，对于一个能够让您如虎添翼的事情，您肯定不会拒绝的，对吗？

(2) 没时间

应对方式：×× 经理，您的时间肯定是用在忙着增加公司业务、提高公司业绩吧，但是您再忙碌，也要有效率地忙碌，我们不能让自己的努力变成白白地浪费时间。您说是不是这样？如果我们的老师花费一个小时就能够有效地提升您公司的业务水平，达到更高的业绩，您说这是不是很值得的一件事儿？

(3) 过段时间再计划

应对方式：×× 经理，我的建议是我们应该提前做一下计划，毕竟任何事情都是未知的，没有计划就会成为最大的败笔。我们都不希望面临失败，您说对吗？

或者说：×× 经理，您觉得要改变一个人的现状，是填

充式地让他听取相关知识，还是要他理解一个观念来得彻底呢？只要是有用的东西、好用的东西，我们都会采用的，对吧？但如果在你说完这些话之后，顾客还是不为所动，你还可以采取一种比较特殊的方式，提一句无关的话题把方向继续引回来，让对方在惊愕之余也给你自己创造一些时间。

例如：人寿保险销售人员小王去拜访他的准客户孙小姐，孙小姐平时工作比较忙，两人交流时间并不多，往往在他俩谈话时孙小姐总会说："我现在很忙，没有时间。"然后小王灵机一动，拿出一颗糖果用力向上一抛，等它落地后对孙小姐说："如果这是一块儿玻璃会怎么样呢？"

孙小姐回答说："玻璃肯定会摔碎。"

小王马上说："其实那块儿玻璃就像是缺少保险的人们，但凡遇到一点儿风险，就会碎裂。但是如果您买了保险，就可以像这颗糖果，它有保护层，即便发生了什么不可控的事情，也能使您自己免遭风险。"

孙小姐听完后点了点头，认同了小王的说法。

销售人员小王用这一招儿说服了他的顾客，他先是提一个小问题引起顾客的注意，这为他接下来的销售工作创造了时间，然后引发顾客的思考，打破他们心底的防线，这也是一种应对顾客的独特的方式，并且形式新颖，不再是老旧的套路，让人耳目一新。

当然，有一点我们还要注意，即使用完所有的方法之后依然没有为自己争取到时间，也不要灰心丧气。我们需要想办法怎样在最短的时间内让顾客全面地了解公司的概况、产品的性能等特点。也就是说，销售人员在这时要做到语句简短、语意明朗，并且不要让顾客感到厌烦。

因为每位顾客平时工作都很忙，我们不能耽误他们太多时间，否则顾客会变得不耐烦。特别要注意的是，销售人员在向顾客介绍产品时，即使要快速地说完，也不要语速太快，因为顾客很可能根本没有听清楚你在说什么。我们只有让顾客听清楚、听明白我们在讲什么，才有可能会产生交易。在对顾客介绍产品的过程中，简单、具体是销售人员赢得顾客的法宝。简单就是销售人员在介绍产品时一定要尽可能地条理清楚、简单明了，具体就是说在讲解过程中可以适当地给顾客举一些小例子。

“时间就是金钱”，这句话是人们奉行的真理。每个人在销售的道路上都不可能一帆风顺，但是在面临无数困难时也不要迷茫，一定要在最短的时间内找到真正的问题和解决办法。面对形形色色的顾客的不耐烦甚至是刁难，一定要及时动脑筋，最快速地解开这些矛盾和顾客的疑虑，让时间成为你的资本。

第六章

客户压价时应当“转移话题，摆明优势”

价格在很多情况会成为决定生意成败的关键问题。在谈论价格的时候，要学会转化思维，将客户疑虑转化为亮点。要给客户只有“是”以及“否”这两种回答方式，引导其表示肯定的回复。当客户一直犹豫时，可以直接询问其购买意向，帮助其下定决心。当客户对促销活动表示“下次再来”的意思时，可以适当地给他制造紧张感，让他尽快购买。也可以采取旁敲侧击等形式，介绍跟他同阶层的人是怎么选择的，刺激他的自尊心，激起购买欲望。

把握客户心理，适时报价

在购买商品的时候，客户很在意的一个问题就是商品价格。怎么报价，这个问题对于销售是否成功有决定性的作用。假如你急于报价，客户还没了解商品的优势，一听到高价位就会产生排斥心理，购买热度会下降；还有就是错过了客户对商品产生满意度最高的报价时间点，也会导致销售失败。因此，销售人员只有选择了恰当时机，才能够谈成生意。

销售人员在给客户报价之前，给客户讲了一些产品优势，让客户认可该产品，为之后的报价打下基础。报价很有技巧性，销售人员应当勤学习，多思考，掌握其中技巧。

1. 报价之前，了解客户类型

在推销产品的时候，客户群体是多种多样的，每个客户消费心理不一样，购买想法也会不同。所以，在报价之前，应该充分掌握客户类型，然后再选择适合的报价方法。

（1）购买目标不清晰的客户

这种客户对大部分产品都是一个模糊的概念，遇到这种客户，销售人员不能在最开始就选择报价，应该先讲产品的优势，当他们已经了解产品的各种优势、而且有了购买的冲动的时候，再开始报价。

（2）对产品有购买意向的客户

这种客户在之前就知道关于该产品的一些信息，而且是带

着购买意向过来的，知道自己大概需要什么。如果他们向你咨询价位，你即使报的价格偏高也没事儿。

(3) 行业内的客户

这种客户本身就很了解行情，所以不需要跟他们有过多的介绍，他们主动询问价格的时候，直接告诉他们就可以。

2. 报价的“最佳时机”

选择最适合的报价时间点，是销售人员必须学会的技能，一般我们说这个时机是最佳时机。如果把握住了最佳时机，往往成功率就会很高。但如何判断某一时间到底是不是最佳时机呢？

（1）客户已经了解了产品优势的时候；

（2）知道客户对产品信息很熟悉的时候；

（3）客户对产品产生兴趣的时候。

一定要记住：抓住了报价时机，就抓住了成功，把握客户的消费心理，就能够成功地将产品推销出去。

客户对产品价格犹豫时，继续强化产品性价比

我们都知道，天上不会掉馅儿饼，价格贵的产品，性能也更优。然而，大多数人还是想要获得物美价廉的商品。有了这种消费心理，他们总是会嫌价格高，想要降价。那作为销售人员，应该在适当的时候予以暗示。

经常会看到这样一个情况，两家商品看着一样，但价格差距很大。这个时候，客户会跟销售人员咨询其中的原因。

销售人员该怎么回复呢?

大多数情况下，两样商品差了几十块儿钱，客户在意的不一定就是几十块儿钱，他们想要知道贵的那件商品是否值这个价格。你要说服他们相信那个贵的商品的合理之处，比如质量等，他们还是会选择贵的商品。因此，当你听到客户跟你抱怨相似品牌的商品价格更实惠的时候，不要灰心。你应该清楚地意识到，不同产品之间的对比不局限于价格，真正起决定性作用的是产品的质量跟服务。需要考虑的是怎么样发挥产品优势，将这个优势说出来，说服客户。“确实，这两件商品知名度以及功能都很相似，之前已经有不少客户做过这种对比，但实际

上最终还是会选择我们这款商品，毕竟一分价钱一分货，价格高也是有根据的，您不妨亲自感受一下这款产品……（说出产品的优势）”。

实际上，当客户将你推销的产品跟其他产品进行对比的时候，作为推销者你应当展示你的说服力，在回答客户问题的时候，要尊重客户，拉近与客户之间的距离，将自己产品跟其他产品的区别简单说明。然后，让客户自己感受下产品。

客户对价格犹豫时，换位思考将其说服

有时候，客户也对产品感兴趣，但是在价格方面总是犹豫，这种情况下跟客户的适时交流显得格外重要，假如有一句话没说好，可能就会终结这场生意。假如能够掌握客户的心理变化，就能很快搞定这笔生意。

“您认为这款产品值多少钱？”销售人员跟客户说出这句话就表示自己有意跟客户讲价，客户便掌握了主动权。

“这个价位已经很实惠了，很多产品比这款贵得多呢！”这句话有点儿伤害客户自尊，暗示客户买不起产品，不了解价格行情。

“质量好的东西肯定贵的呀！”这句话是在怼客户，也会让客户脸上挂不住，不可取。

假如经过一番沟通，了解到客户确实有意购买，只是在价

格上想要再低一些。那销售人员一定要有足够的耐心，稳定自己的情绪，抓住客户心理变化的细节。

客户已经有想买的意思，但嫌价格高，这个时候客户说的话是为了让销售人员降价或者给予其他补偿。销售人员应该尽量按照客户的心理来说服他，具体方法有以下几种：

1. 构图讲解法；

2. 时间细分法；

3. 比较法；

4. 拆散法；

5. 赞美法。

总而言之，想尽一切办法给客户传递一些类似的信息，比如“该产品质量非常有保证，而且目前价格相当实惠”，以此来着重说明产品的优势，客户能从中获得的便利，让客户明白自己需要该产品。

想办法将客户的疑虑转化为客户购买的吸引点

客户的疑虑，无非就是想要拒绝该产品，或者客户本身真的是有自己的难处。无论是前者还是后者，你要想尽办法把客户的疑虑转变成你吸引他购买该产品的那个点，那样的话就可以顺利地将产品推销给客户。通常情况下，客户的所有疑虑，都能够成为你推销该产品的成功点，把握其中的奥妙，主要是

看销售人员自己对于这个点的体会深度。

1. 听从客户的建议

客户说：“我现在已经有了好儿家银行的信用卡了，近期不想再办理什么信用卡了。”

销售人员：“确实是，陈小姐，我很了解您的心情，也正是因为这样，我才要跟您介绍这张‘××卡’，在使用额度、便捷性等，这一张卡所具备的功能等于好几张普通的信用卡，有了这张卡，您不需要再办理其他的信用卡。”

2. 帮客户解决麻烦

客户：“我孩子不喜欢看书，没有耐心，经常看书两三分钟就跑出去玩儿了。”

销售人员：“太太，我理解您的困惑。您应该想想怎么解决这个问题，而不是逃避。所以更需要买这套儿童图书，这样自己会主动有意识地去陪孩子读书。另外，该套图书中的图画十分有趣儿，对孩子有一定的吸引力，从而让他慢慢喜欢读书。我想您应该也是这么希望的吧。”

客户：“我现在才 20 多岁，现在就跟我说退休金的事情，我觉得有点儿早了，没有兴趣。”

销售人员：“是的，我知道您的年龄。但我只是想要跟您说退休金是需要提前很长时间计划的，也正是因为您年纪轻，我们才来找您参与我们的专项计划。这个计划针对的是年轻人，您可以思考一下，假设您的父母 60 岁了，但退休金还没有储备够，您觉得他们还有时间去储备吗？因此，我也没办法邀请他们参与这项计划。”

销售人员：“您现在还很年轻，时间很充分，因此您可将自己平时花剩下的钱储存起来，将来也会是一笔财富。假如老了以后还没有存够养老金，那么就要节省自己的开支，以满足自己养老的需要。这也就是所谓的‘货币时间价值’原理。”

聪明的销售人员能够取得成功，不光是因为他们可以消除客户的疑虑，更厉害的是他们能将这些点变成卖点。

逐步引导，让客户给出肯定的回答

每个人的思想观念都是不同的，有的人天生就有不愿意被别人说服的感觉。如果被他发现你在说服他，他首先就是抗拒。可能无论你说什么，他都会说“不”，仿佛是在捍卫自己的观点，才能彰显出自己的力量。当这个人回答“不”字以后，为了能够自圆其说，他会继续想办法维持原来的观点。在争论结束以后，他可能会发现自己的坚持是不对的，但是为了面子，他不会否定自己。因此，让对方在最初就相信自己的观点是正确的这一点很重要。

想要不露声色地说服对方，那么一开始引导的时候就应该让对方以肯定的态度回答。只有这样，你才可以继续说服他相信你的观点。

从个人心理角度来分析，当一个人予以否定回答的时候，

他的脑海里也是存在着这个想法，以至于他全身的器官、神经、组织都会联合起来抗拒。反之亦然，当一个人予以肯定回答时，他身体内的器官不会收缩，保持开放、允许、前进的状态。因此，在谈话伊始，就尝试引导对方予以肯定回答，所以你之后的见解便更能得到对方的赞同。

让客户在回答问题的时候一直给你肯定答复，是很有效果的策略。这种策略能让客户悄悄地思考你设置好的问题，这样你推销成功的概率就提高了很多。

心理学家认为，假如有一个销售人员可以让客户连续六次都予以肯定答复，那在第七次也会是肯定的答复，这就是著名的“6+1”成交法。

一定要明白：让客户给你肯定答复不难，重点是你引导的方式是否正确。方法有很多，只要抓住核心，就能成功。

巧妙地催促客户，帮其下定决心

有不少销售人员跟客户拉近关系以及说服的过程都把握得很好，但很久了还是没能成单。具体原因是什么呢？由于他们心里上太害怕失去这个客户，不敢也不知道怎么去催促客户。

在跟客户交流的最后时间段内，需要销售人员再一遍催促客户下决心。以下几种方法是比较普遍且高效的。

1. **总结双方的共同利益**

销售人员：“这台传真机记忆存档量较多，总共可容纳 40

页 A4 纸，对您的日常工作很有帮助，不需要经常担心纸张用完而没办法接收信息，在价格上也已经给到最优惠的了，您现在应该很了解这台传真机的性价比……”

销售人员把产品优势总结起来，让客户感觉性价比很高，坚定了他购买的决心。

2. 不断提问法

“您的收货地址是？”

“您还有什么需要帮助的？”

“您最近着急使用吗，大概两三天内送到可以吗？”

“您是手机支付，还是刷卡？”

当销售人员对客户有了足够了解之后，直率地讲解购买事宜，就能催促客户购买。

3. 咨询法

有些时候，销售人员并不能确定客户的购买意向。在这种情况下，最好使用征求意见法：

“李小姐，这台电脑对你工作学习有很大帮助吧？”

这种方法是用来试探客户内心对产品的满意度，假如客户给予肯定回答，那这笔订单就成交了。

欲擒故纵，让客户自己着急

很多人买东西会不由自主地觉得东西越珍贵价格就越高，越是买不到，越是想买；越是秘密，越想知道。

在推销的时候，销售人员一个劲儿地推广商品，消费者越提防。销售人员说：“抱歉，这件商品已经有其他顾客预定了。您再看看其他的吧。”客户听到以后，会在心里觉得那件被别人预定的商品更好。

遇到那种犹豫不决的客户就需要制造一点儿紧张感。不管是什么产品，多思考一下，总是能够想到制造这种氛围的办法。

1. 借用“特价”让客户紧张

不动产经纪人可能会跟买房者说假如他还是犹豫不决，就要支付不动产税。这样的话，客户就会有紧张的感觉，错过机会就会有很大的损失。这种感觉出现以后，客户自己会很快地做出购买决定。所以，不管你是怎么做的，只要能够给客户一种这样的感觉，成单率就会提高。

2. 借用“只剩一件了”让客户紧张

客户经常会对产品挑三拣四，销售人员费了很大劲儿说服客户购买产品，但客户要求拿一件最新的。

客户只要新的，刚好仓库里面没有存货，从其他仓库调过来又赶不上。这个时候，销售人员该怎么做呢？销售人员往往会无奈地说：“真的是没有了，有的话我就拿给你了。”这样说虽然真实，但客户并不喜欢。还有的销售人员会说：“现在就只有这件了，您如果不满意，我也没办法。”意思也就是说，爱买不买，客户会感觉不被尊重。假如销售人员跟客户解释说：“您也看见了，这件商品确实也是新的，我是当着您的面儿拆开的。”客户听了之后会觉得你在指责他太挑了，故意为难人，客户面子上挂不住，也会因此而拒绝购买商品。

销售人员可以试着采用这种说法：“非常抱歉，我刚才给您拆开的商品是新的，而且是最后一件了。这款商品之前没有打开过，而且销量很好，就只有这最后一件了，刚好被您看上了，要不我再重新给您包装一下，您看这样可以吗？”

这种回答方式让人感觉很诚恳，重要的是给客户灌输了一种思想就是“这是最后一件”，客户原来购买的决心只有一半儿，那这个时候估计就有七八分了。这款商品热卖，而且还只剩下一件了，说明他有眼光而且运气好，这最后一件也是新的，

之前并没有打开过，很多人是可以接受的。

3. 借用“最后两天活动”来催促客户购买

客户经常是看到一件商品觉得不错，但自己购买的欲望又不大，当销售人员向他们推销的时候，他们总是这样回答：“看着挺不错的，下次我跟我朋友一块儿来看看。”

出现这种情况的时候销售人员该怎么回答呢？“好吧，那您下次再来看看。”大多数销售人员会这么回答。这样就等于是直接推客户离开。事实上，客户走了以后，几乎没有再来的可能性了。

销售人员可以说：“今天您没有带朋友过来看实在是有点儿遗憾，这款商品很符合您的需求，价格还实惠，这两天刚好在搞促销，活动时间截止到明天。要不您再看看？”

这种回答方式，首先是赞扬了客户的眼光，其次也进一步说服客户继续考虑该商品，能够激发客户的购买心理，然后利用活动时间有限来推动客户购买，这是一种值得学习的回答方式。

利用自尊心来刺激客户购买商品

销售人员在推销商品的过程中适当地给予言语的刺激，刺激客户自尊心，让客户在维护自尊心的同时决定购买产品。

在推销商品的时候，经常会发现客户不紧不慢，他们本身是需要这款商品的，但不急于购买，总是想着以后再说。遇到这种情况，想让客户尽快克服心理障碍，购买商品，销售人员可以抓住客户自尊心这一点，刺激客户自尊心，然后推动其购买行为。

很多有一定成就的人都比较强势，销售人员如果能控制好这一点，销售就会变得更容易。另外，这种激将法也得分情况，并不是每次都可以用。通过不断尝试，我们发现自尊心强的人更容易被刺激。

下面我们来分析一则实例。

小张："李总，您好，我是××保险公司的客户经理小张，很高兴见到您！"

客户："你好，我近期没有购买保险的打算。"

小张："李总，情况是这样，我们公司现在有一款为您这样的成功人士量身打造的保险方案，我简单给您介绍一下吧。"

客户："嗯嗯，你介绍吧。"

小张："……（详细地介绍保险的好处）"

客户：“听起来，好像是挺好的，我考虑一下吧。”

小张：“已经很不错了，还需要考虑什么呢？”

客户：“不好意思，暂时不是很需要。”

这次没能成功地将保险推销出去的原因是话没说好，不到位，假如换一种说法效果会好很多。

小张：“李总，您好，我是 ×× 保险公司的客户经理，很高兴能够见到您。”

客户：“你好，我近期没有购买保险的打算。”

小张：“情况是这样的，我在公司 vip 档案中看到了您的资料，但是没有购买保险的记录，可能是之前没有找到适合的保险方案，因此我特意为您策划了一套跟您实际情况十分匹配的保险方案，我给您简单介绍一下吧。”

客户：“嗯嗯，你介绍吧。”

小张：“……（详细地介绍保险的信息）”

客户：“听起来，好像是挺好的，我考虑一下吧。”

小张：“目前，有好多成功男士都喜欢给家人买一份儿保险。根据调查结果显示，这些成功男士给家人买保险是他们关心家庭的一种表示，很多成功男士会选择给妻子和孩子买保险……”

客户：“嗯嗯，让我具体了解下你的方案吧。”

激将法有时候在刺激客户购买商品方面起到一定程度的积极作用，当客户发现自己的能力被怀疑，或者自己和其他同水平的人存在落差的时候，他会尽快做出选择，弥补不足。

发现客户一直在犹豫时，销售人员不能等着客户自己想清楚，应该主动想办法，利用逆反心理让客户早点儿下决心购买。

这种刺激购买的方式有时候对交易成功帮助很大，但在具体使用的时候也容易伤害到客户。假如时间、言语、方法中某一点没有把握好，比如说过于激动，很容易刺激客户，引起客户的愤怒。因此在使用这种方法的时候要特别注意把握时间跟具体方法，灵活运用，不然的话只会弄巧成拙。

要明白：有时候制造反差的效果会比普通方法的效果好很多，在适合的时间点给客户一点儿刺激，有助于完成销售的目的。

第七章

妥善处理问题

成功的推销人员懂得将老客户转变为窗口，帮自己介绍新客户，从而获得更大的成功。客户消费的时候需要有消费理由，想要更快地促进其购买，需要提前帮他们想好消费理由。跟客户交流的过程中要注意礼节，很多情况下礼节不周会改变他们的购买想法。另外，站在客户角度思考问题，会更容易跟客户建立信任关系。客户随口说出来的话不要轻易相信，学会用“3w”法则深挖客户的内在需求。

巧妙使用推销方法，产品大卖

客户没有帮你宣传商品的义务，想要让老客户帮忙介绍新客户，就不能让客户认为这是给他自己添麻烦，尤其是不能将为他服务作为条件要求他帮你介绍新客户。

人取得成功的关键原因是什么？

慢慢长大以后，我们知道那些业务能力强的人不光是专业度高、踏实、勤奋，他们非常善于发掘自己的人脉资源。有一个很值得学习的例子就是乔·吉拉德独创的“猎犬计划”——让客户帮我们挖掘新顾客。因此，如果你业绩不突出，没办法赚到更多的薪资，那你应该冷静一下，认真阅读乔·吉

拉德的书，想想自己的人脉资源发掘得是不是不够充分？在日常工作中是不是也没有这方面的意识，是不是经常费力费时却没有成果？

反言之，如果你专业度够高，态度端正，只是工作方式不是很好，而且不喜欢团队作战，喜欢自己全程参与，不太善于利用客户来挖掘客户，这样下去，可能不久以后你就是那个被淘汰的员工。

判断一个员工的业绩，第一步是要看他利用客户挖掘新客户的能力，没有这方面的能力，那么这个员工的业绩就很难达标或者更好，早晚是要被淘汰的。

明星之间为什么需要彼此站台？

原因就是：借力使力会很省力。

不停地挖掘新客户的过程很漫长，而且艰难，所以，你只能保持敏感，善于观察身边环境，发现新客户。需要特别注意的是，不能太固执，一种方法行不通的时候要记得换另一种，让老客户帮你介绍新客户，开发新客户，利用“转介绍”来增加业绩，从而使得销售业绩保持上涨。所以，让老客户帮忙介绍新客户，是很多销售人员获得成功的常用方法。

泰戈尔有句名言：“用铁锤无法开启一把锁，唯有吻合那把锁的钥匙才能轻松开启。”事实上，销售人员想要快点儿拿到业绩，只凭借自己个人努力是很困难的，一定要确保自己是不是真的已经掌握了成功的关键，也就是说，要利用好“转介绍”这个方法，这种方法相当于是通往成功路上的捷径，虽然你是一个无名小卒，但依然能够取得成功。

在商场中比拼，要先使用“转介绍”这种方法，谁能够通过老客户转介绍到的新客户越多，谁将会越成功。打好转介绍基础，不用担心没有新客源，生意会源源不断。

乔·吉拉德是大家公认的著名汽车销售者，他说过这样一句话：“我曾经一天成交 18 辆车子！”他一方面专注、坚持、勤奋，另一方面他很善于“转介绍”，所以新客户不断增多，利用从客户那儿得到的好评以及持续性沟通，很快就做成了不少单生意。

创建长久、效果显著的转介绍人脉体系

根据研究发现，十分之一的人的业务量完全是靠转介绍拿到的，而且效果很显著。一半儿的人有时候会让老客户转介绍，有时候会忘记，但也有的是不敢让老客户帮忙介绍；转介绍过来的客户良莠不齐，客户偶尔会帮忙介绍，很多时候都忘记了，还有些根本不愿意帮忙介绍，究其原因，应该归根于缺乏长久、效果显著的转介绍人脉体系。

也就是说，只有学会了借力使力才能够省力，所以赶紧在推销过程中运用“转介绍”吧。

第一步，审视自己的转介绍情况，想一想自己的老客户不愿意转介绍的原因，找到不足之处，加以改进；第二步，想办法提升客户的满意度，这样他们才会愿意给你介绍新客户；第三步，找到愿意给你转介绍的对象，提高转介绍的可能性，也能够更好地推动转介绍流程。

配合猎犬计划 + 转介绍 = 赚翻天

乔·吉拉德在销售汽车方面曾经长达12年保持世界最高纪录，期间有6年时间他每年销售出去的汽车平均下来有1300多辆。其中有60%–70%的客源是老客户帮忙介绍来的。

他推销成功的方法源自他的“猎犬计划”，我们来具体了解下这个计划：当生意做成以后，他会准备好很多名片以及猎犬计划书送给客户，跟客户说：“假如你能帮我介绍到新客户，交易成功之后，我会付给你25美元的酬劳。”每一年他都会把这个猎犬计划书寄给客户，让客户知道他的这个计划还能够继续执行。当他发现自己的客户是一位知名人物、有很大社会影响力的时候，他不仅会努力将这个订单做成，还会极力地将这个客户转化为猎犬计划中的一员，所以他成为世界上最厉害的推销人员也就不足为怪了。

想要转介绍，用好小妙招儿

当你准备让老客户转介绍的时候，要抢在老客户产生拒绝念头之前，找到他们能拒绝你的理由，并且想办法将这些理由堵住。

向老客户保证，只是联系新客户，不会在背后乱说话。

没有人喜欢别人在背后说自己一堆坏话，因此，80%的老客户都不太想帮忙转介绍。之前我在让他们帮我转介绍的时候总是会说：“我的很多生意都是老客户帮忙转介绍的，他们很热心，他有什么朋友亲戚对我的产品感兴趣，都可以聊一下。”另外，我也跟他们保证，我会像对待他们那样去服务他们转介绍过来的朋友。

尊重个人隐私，客户的消费隐私一定要保密。

作为销售人员，一定不能将客户的消费隐私透露给其他人。你得让客户信任你，只要是跟你有交易往来，你都会严密保守信息。

我跟老客户交流的时候，好几次会强调这一点：我一定不会把我们之间业务往来的信息透露给其他人。每次交流的时候我都会提及这一点，这样可以提前把客户心里的疑问给消除了。

“转介绍”的可行性策略

通过老客户转介绍拿下订单，这是大多数推销人员想要达到的状态，按照下面的几种策略，你也可以做到。

1. 产品质量不高，想要老客户继续购买就不太现实。你需要保证产品质量足够好，品牌足够响亮，服务水平到位，这样才能让客户满意。

2. 提供超高水平服务。客户买到自己需要而且质量很好的产品之后，让他们成为自己的宣传者，前提就是自己之前承诺过的内容一定要做到，随时给客户解答疑问，让客户从中感受到诚意，感到物超所值。

3. 关心老客户。要想让老客户帮忙介绍新客户，应该做到将心比心，给予足够的理解、包容，这样双方的交流环境才会更加融洽。因此，推销人员在跟老客户保持联系的时候，必须要先放下生意，诚心跟客户交朋友，然后再谈生意，只有这样，最后才有可能既做成了生意，又交到了朋友，两全其美。

老客户帮忙转介绍的可能性才会更大。

4. 跟老客户保持长期联系。当老客户过生日、职位晋升、节假日等时间点，送上真诚的祝福，长久下去，客户跟你的关系会一点儿点儿加深，他们也会更愿意帮你转介绍。

5. 适当采取奖励措施。可以借用一些奖励措施，以此来吸引客户帮你完成业务。在推销过程中，想要顺利地跟客户建立起很好的信任关系，只有给他们树立起信任、负责的形象，这样客户才会对服务表示满意，双方的关系才会更加融合，客户相信你之后，才有可能帮你转介绍。

想好“消费的好理由”送给客户

资深的推销人员应该很明白产品以及服务的内容，其实你不用把你知道的都跟客户说一遍，你只需要给客户想一个“消费的好理由”送给他们就可以了。

不管是从事什么产品的销售人员，工作内容都是跟说服有关，目的是让客户相信你的产品、使用你的产品，愿意花钱购买。我们都清楚：把钱从客户的口袋里拿出来装到自己的口袋里是一个很艰难的过程。想要完成这个过程，需要很高的说话术。

现实环境不太好的时候，客户会盯紧自己的钱包，把钱用在该花的地方，这是环境所决定的。对于客户来说，这是一个选择多样化的时代，同一种商品，有上百种品牌出现，可能会有很多销售人员跟他推荐同一款商品，所以，如果你没办法给客户一个购买你所推荐商品的理由，几乎是没办法成单的。现在我们一块儿来探讨一下，怎么说服客户来购买商品。

只需要一个充分的消费理由

帮客户想一个充分的消费理由，也就是清晰地让他知道：到其他地方消费，远没有到我这里消费受益多，在我这里消费能够给你带来具体福利。好的推销方法，不光是要充分了解、信任自己的产品，向别人推销介绍的时候要充满热情，感染客户，观察客户的真实需要，抓住他们的实际需要点，以此来推销，会比盲目去介绍产品容易些。

换句话说就是，摸清楚客户的实际需要。以此为出发点，给他们想一个充分的消费理由，就很容易把产品更精准、更快地推销给客户，然后获利。下面是帮客户想一个充分的消费理

由的关键要点。

抓住“物以稀为贵”，利用少来制造高价值。

我们来假设一个情景，今年流行一款帆布鞋，你很喜欢，早就想买了，专卖店太贵，突然你发现路边儿一家店门口的大喇叭在喊着“跳楼价，最后一天，各种商品统统特价处理……”你刚好还看到了自己喜欢的那双帆布鞋。

这个时候你会想到什么？这个时候你可能更多的是惊喜和兴奋。

你会感慨自己很幸运。

然后很快过去跟那个人说自己想要买下来，还怕最后一双被其他人抢去。等你真正把它买过来以后，第二天发现那个跳楼价商品店还在，而且你买的那双鞋子也还有。

如果现在又出现了同样的情况，在各种商场，到处写着打几折、最后一件的时候你还会激动吗？说的是最后一件，可能是卖第一件的时候他就是这样吆喝的。知道情况以后你可能就不会那么激动了，很有可能就不买了。

我们都知道爱马仕的铂金包是很多明星、名媛的最爱，这是毋庸置疑的。

听说台湾著名艺人蔡依林曾经为了买粉红色鸵鸟皮铂金包花了六七十万，当然还有很多其他明星对铂金包也是情有独钟。可能有些人就会疑惑：为什么这个铂金包价格这么高？为什么那么多明星都喜欢它？花费几十万来买，而且有些时候还会出现抢购的场面？正常买个包还需要提前预订，排队等好几年。

这些人的脑子是坏掉了吗？答案是否定的。

在明星们的眼中，铂金包象征着身份高贵，代表着时尚潮流，能为她们提升社会地位。

所以，赶快给你的产品制造稀有假象，让客户有点儿紧张感。

知名度是拉动消费的好理由

不是每个人都喜欢张扬，但大家都喜欢购买知名度高的产品。

为什么会有人花几百万来买一辆保时捷，它跟我们通常见到的车有什么不一样的吗？最直观的感觉就是价格差距太大，除了这点，还有别的吗？

几百万的车有名牌光环，十几万的车被认为是平庸。牌子能够影响的不仅仅是价格。

转换一下思路，打响名声。但不能把名声跟价格画上等号，最重要的是个人定位。

向消费者提供满意保证

美国必能宝公司是世界上公认的最大的邮资收付计数器和邮政设备生产者，不管是工艺还是技能方面，他们都投入了很大的人力、物力、财力，不断创新改造，研发新产品，然后将产品推销给特别想在邮政支出方面有所节制的公司。该公司能取得突出的销售业绩是因为其向客户提供了良好的售后服务，具体做法有：

1. 免费换新。在5年有效期内，如果消费者对产品不满意，必能宝公司会立刻给消费者更换新产品，而且不用承担运费。

2. 质量有问题，全额退款。假如必能宝公司给消费者更换的产品在运行方面出现了问题，那么必能宝公司会立即退回所有货款。

3. 有问题找售后，立马解决。也就是说必能宝公司不会推卸责任，消费者在该公司购买的产品可以放心使用。

根据消费者调研数据可知，消费者对必能宝公司的满意度高达 94%。他们仍然在不断地改进公司存在的不足之处，稳固产品线，不断推出新产品，给消费者提供购买新产品的理由，也是该公司能够取得成功的重要原因之一。

搞促销就是在给人们找消费理由

消费者在购买商品的时候经常会思考这样几个问题：我买这件商品干吗？一定要现在买吗？一定要在这家买吗？商场搞促销活动的时候不一定是消费者特别需要购买商品的时候，只要帮助消费者解决了这些疑问，就不难把产品推销出去。

这个消费理由，也就是促销活动的主题。

以讲故事的方式让说服过程更自然

想让消费者下定决心掏腰包购买商品，就要打消他们花钱时的疑虑。

各种商场里总是充满了打折广告，消费者看到打折信息的时候会对产品的质量产生怀疑，甚至会觉得自己消费水平比较低端。所以，让消费者能够产生物美价廉的感觉，才能激发起消费者的购买欲。举个例子，日本无印良品曾经推销外表有破损的蘑菇，宣传外表不等于质量的理念，打破了以往的宣传惯例，创造了不错的销售业绩。

同理，当我们推销价格比较高的产品的时候，要想办法采取心理战术。比如说，有的商品价格虽然高，但是物有所值，而且买了之后，商家会抽取一部分资金帮助贫困儿童，或者是在荒漠地带种树等。也可以给消费者一些小礼物，让他们相信这件商品确实是他们需要并且值得购买的。换一种说法来理解就是，价格比较低的商品重点是实用性，价格高的商品重点是要讲究心理战术，最终目的都是为了打动消费者，激发其购买欲望。

上面这些办法在一定程度上能刺激消费者购买商品，正确理解并转化为自己熟悉的方式，对于推销工作是很有帮助的，这是帮你走向顶级推销员的捷径。

能不能顺利地说出消费理由是关键

经济环境低迷的时期，一成不变的人总是容易被淘汰，游戏规则很简单，所有结果都是源自实力。在经济环境较好的时期，说不定还能动用人脉关系以及其他各种手段来达到成功的目的。环境恶劣之后，成功路径反而变得更简单，有实力的人才能从中获胜。

实际上，你可以送给消费者一个很好的消费理由，环境低迷刚好给你创造了抢占市场的机会，这是展现你个人实力的时候。当你能够很准确地把商品功能特点全部讲清楚，同时给消费者一个很好的消费理由，这个时候你完全有可能将消费者从竞争对手那里抢回来。

换位思考，才能出业绩

清楚自己跟对方的情况才能够控制局面，取得胜利。首先要换位思考，然后再去了解对方。

你以消费者的角度思考问题，多为他们着想，更容易获得他们的信任。

能够顺利说服别人的人，大多数都有不被拒绝的本领，想要有这种本领，第一点要做到的就是换位思考。

之前看过这样一个故事：有一个男孩儿刚搬家到一个新的地方。新邻居是孤儿寡母，看起来过得很艰难。突然有一天，外面刮大风下大雨，家里停电了，男孩儿找了根儿蜡烛点着了。过了一会儿，隔壁小孩儿来敲门，问他：大哥哥，你家里有蜡烛吗？男孩儿当时就想着：他们还真是挺穷的，连个蜡烛都买不起。最好不要跟他们有什么来往，省得以后更麻烦……

然后，他冲着小孩儿大声喊了一嗓子：没有！

意外的是，小孩儿听到他说没有之后高兴地说："我就猜你可能没有备着，妈妈跟我担心你是一个人住，现在到处停电，你也没个蜡烛，所以过来给你送几根儿。"

听完小孩儿说的话，男孩儿很不好意思，同时又感动得流出了眼泪，赶紧把门打开，把邻居小孩儿紧紧地抱住，之后他们成了很好的邻居。

感觉强推荐不通，请适时放弃

当你在推销过程中发现对方很难缠，不断地挑毛病，你又觉得这是一个大订单而不想放弃，建议你转换一下思路，改变一下沟通策略。

换言之，强行推荐行不通的话，就换一种沟通方式。

很多人都会讨厌做推销的，所以态度很冷淡，即使你花费很长时间很多精力在他身上，他依然不为所动，不愿意跟你好好沟通，不停地怼你，找你麻烦，目的就是想要摆脱你。

事实上，不管是出现哪种不如意的情况，都可以尝试着换位思考，他们这种态度不是针对你一个人，是针对所有的业务员。强行推荐行不通的话就先放一放，换一种简单点儿的方式来沟通，等对方跟你建立一定的信任之后，你再换一种柔和点儿的方式，将主动权掌握在自己手里，随机出招儿。

下面是几条建议可能管用：

1. 当理性说法行不通的时候，暂时先缓缓，采用感性营销手段，也许能够将订单追回来。

2. 学会赞美，发现对方的闪光点，多多夸赞，让他对你产生好感，解除警惕感。

3. 保持谦虚的态度，向其请教问题，从中探究对方的个人想法。

4. 换位思考，站在对方立场上思考为什么会拒绝的原因，把这个问题想明白之后，再去沟通。

不要过分追求利益，交个朋友也不错

有句话是这样说的："如果不能优雅地转身，那也要好好地说再见。"在有些情况下，我们将自己的时间、真心都渗透在努力的过程当中了，还是不能挽回对方，很容易就产生负面情绪，这是很正常的。在这种情况下，怎么跟对方好好地结束尴尬局面，继续保持友好的状态是很重要的。

当客户打算过来参观公司实际情况，或者到你家拜访时，你一定会很开心，以最大的热情去接待客户。假如说最后生意没谈成，你还会像接待的时候那样热情地送走客户吗？

现在我就以自身的一段经历来跟大家分享。曾经我到广东一家服装厂谈生意，厂长开着几百万的豪车来接我，在谈的过程中，有些地方没谈好，导致生意没做成。

等我打算离开的时候，厂长跟我说："我这边儿还有点儿其他事情要忙，就先不送你了。"扭头就去忙了，秘书也说自己很忙，最后，我自己随便找了辆出租车。感觉反差太大，一开始很热情地开宝马来接我，现在被冷落，走的时候自己打出租车，这家公司的形象在我心中瞬间跌落，以后不管是什么情况，都不会再来这家公司，不会再跟他们有任何生意往来。

整个事情分析下来，厂家只不过是为了能做成生意才开着豪车来接我，并不是出于礼节。生意没谈好，连表面功夫也不做了，公司领导眼光是很短浅的，而且还很伤情面。

大家都知道经商的人之间是不会有纯粹友谊的，多半是掺杂了利益。面谈之后临走前，对方热情地跟你握手说：这件事情我再考虑一下，考虑好了会第一时间跟你联系。

一般是在委婉拒绝，生意没做成也没什么大不了的，还可以继续找其他的商业合作伙伴嘛。更何况事情又没有被说死，或许还有转机。

一定要记得送客礼节

人与人之间的情谊能够长期继续保持，离不开礼仪。在对方离开的时候，礼貌地跟对方说一句：感谢拜访，这次交流很开心，从中学到了不少东西，欢迎下次再来。在刚认识一个新朋友的时候，我们大多都会保持礼貌，如果交流不畅要离开的时候，也要礼貌地跟对方说再见，这样既尊重了对方，也体现了自己的文明素质。

买卖不成情意在。

一次生意没谈好，我们还是要把礼数做到位，这才是来往的正确相处态度。人们常说：买卖不成情意在。这是很基本的

礼节，也给之后再次合作打下了基础。

要时刻保持微笑，不管是谈成还是没谈成都要按照统一礼节来对待。

不能因为一点儿小问题就小肚鸡肠，应该给对方留下好印象，这样才会有下一次合作，因此应该牢记用最初的热情对待客户，高高兴兴地跟客户谈生意，跟对方保持友谊，在日后生意场上就多了一个朋友，少了一堵墙，对生意是很有益处的。

这次失败了，礼仪做到位了，能够给客户留下好印象，也为下次合作奠定基础。生意是做不完的，这个礼仪远比单纯的一桩生意要重要。这些基本礼仪在学校里读书的时候学不到，不注意就容易犯错误，所以，如果在商务礼仪这方面知识储备较少的人应该恶补一下，纠正不良的习惯，学习正确的举止规范。要知道，别人不注意的事情你注意到了，这就是细节，可能会给你的生意带来很大的帮助。

越专业，越容易说服对方

拿破仑曾经说过："世界上只有两种力量，一种是武力，一种是智力。长期来说，武力终究不敌智力。"

专业知识是谈生意,是为你创造更多利益必不可少的基础，在以前的工农业社会里，专业知识的作用好像不怎么突出，现在专业知识的作用越来越重要。正如那句话所说：知识就是力量。所以，沟通技巧需要有一定的基础知识储备。我们都知道，保持积极向上的学习心态是当代人求职必备的素养，实际上很多人不愿意去做。台积电公司董事长张忠谋曾经说过这样一句话：处于知识经济的社会，任何一种专业知识皆能产生巨大的力量。

专业知识可以加快社会生产力，带来无尽的财富，它需要花很多功夫与精力去积累。实际上，知识就是一种隐形财富，而且永无止境。

再富有的人也要挣钱，因为钱总是会花光的。同样的道理，也没人敢说自己什么都会，不需要继续学习新知识，仅此一点，我们就能发现专业知识积累越丰富，就能够充分理解对方的想法，沟通效果越好，用心去沟通，对方也能从中感受到。

要想提高沟通效率，不仅需要长时间坚持学习相关知识，还要保持谦虚好学的心态，向成功人士学习，学习他们的沟通技巧，加以利用，尽快掌握。

不要自己瞎猜，消费者的需求要直接问

推销过程会遇到各种各样的麻烦，如果消费者对自己推销的产品具体情况不清楚、也不怎么感兴趣的时候，我经常会用SPIN（SPIN译为顾问式销售法，指用提问的方式了解顾客的需求）询问法。

你是不是经常会郁闷，明明产品质量可以，价格也很实惠，但消费者购买意向并不是很强烈，仔细思考背后的原因，最大的原因就是你说的内容并不是消费者真正想要听到的。

为什么呢？原因就是你没有考虑消费者的实际需要，不能具体针对消费者的实际需要去推荐商品。应该用心去为每个消费者推荐最适合他的购买方案。适合的交流方式，正确的询问方法，不断地向消费者提问题，以及耐心倾听消费者的个人诉求，这样沟通效果自然会好很多。

不要自己瞎猜，概率很小

我一般不会去猜测消费者的想法，而是运用 SPIN 询问法，从中明白消费者的实际需要。当你采取正确的询问方式，问出消费者的实际需要，才能够给消费者提供适合他的商品类型，引导他购买商品。

具体该怎么使用 SPIN 询问法，流程大概是这样：

初步交流；

询问需求；

介绍商品；

确定购买；

环环相扣，前一个环节是下一个环节的前提，第二个环节的重要性不言而喻，问清楚了你才能推荐适合的商品。如果你把精力主要放在其他环节，忽略第二环节，那么结果很容易失败。SPIN 销售法有相对应的询问方法与说服技巧，我使用该销售方法的过程是这样的：

1. 借题发挥。接过消费者的话题顺势聊下去，了解消费者现状，比如个人喜好、工作、家庭等，发现主要问题所在，有针对性地为其提供适合的商品。需要注意的是不能像查户口那样一个劲儿地问，抓主要问题问。假如对方是有重要身份地位的人，可以先从网上查资料，自己先过滤掉一些不必要的问题，列出几个必要的问题进行沟通。

2. 针对主要问题进行询问。这个是为了真正发现消费者想要购买商品的真实意图，了解消费者现在面临的问题。关心消费者遇到的问题，关心其本身利益，能够拉近距离，所以不要拘束，以自然的方式去沟通交流。

3. 借助相关问题询问。以启发性问题进行追问，帮助消费者联想现有问题会给以后带来的麻烦，意识到问题亟待解决，这样才会有耐心地去听你继续介绍商品，从中寻求解决问题的办法，购买相关商品。

4. 围绕价格话题进行询问。这是为了让消费者更多地关注你所提出的购买方案对他个人的帮助，以及从中获得的利益。比较具有代表性的询问方式是：“这些问题解决完了对你有什么帮助？”

带有技巧性的询问方式，是让消费者自己主动去思考。每一个问题的抛出都是为了引导消费者去思考。全世界的五百强企业中有超过 50% 的公司都是用 SPIN 询问法来培训销售人员的。

抓不住主要问题，就是说废话

SPIN 询问法在询问技巧和沟通方面提供了创新性方法，认真学习这种询问方法，从而找到隐藏在背后的消费需求，有针对性地推销，为消费者提供具体问题的解决方案，这样能够尽快地给消费者留下专业印象，提升购买欲望。

在推销的时候，最能够吸引消费者的是发现消费者的迫切需求，想办法帮他解决问题。下面是五种提问题的方式：

第一种，想要弄明白对方需求、对方身份。想要知道对方身份，可以采用这几种方法：

了解消费者从事的工作类型；

了解消费者的购买能力；

了解消费者的购买意向；

了解消费者的性格。

第二种，以询问、倾听以及思考的方式来探究消费者的需求。首先通过询问，简单了解消费者的需求，问的时候要搭配实际例子，问题要具有代表性。

每个品牌都有自己独特的优势，如果你发现自己推销的商品整体比其他品牌弱，就不要提这一茬儿了。然后要倾听，在沟通交流过程中，倾听要比自己说一大堆话更重要，听消费者倾诉，你才能了解他的真正需求，你也方便给予针对性的建议。倾听的时候要专心，眼睛看着对方，就像是在听家人、上级、老师说话那样，让对方感觉到你对他的关注以及尊重。

另外，在对方讲话的过程中不要随便插话，但要适时给予回应，表示赞扬，对方在接收到鼓励信号之后，才能敞开心扉继续说下去。在交流的过程中，多想想对方说的话，多分析，探究他的真实需要。

有时候你会发现消费者对于问题的表达停留在表面，你无法了解真实需求，这个时候，你需要利用自己已经知道的资料信息，再加上对方说过的话来综合判断；也有的消费者是故意不愿意把自己的真实想法透露给你，你只有认真倾听与观察，才能慢慢地发现他的真实意图。

第三种，弄明白行为当中的 5W 和 1H。

在某些情况下，认真观察对方的行为比听他说还重要，一定要弄明白对方行为中所透露出来的 5W 和 1H：什么事 (What)、谁 (Who)、什么地方 (Where)、什么时候 (When)、为什么 (Why)、怎么样 (How)。

第四种，了解对方想要得到什么体验。

生意能不能谈成，关键就在于你能不能给对方提供想要

的东西。在开始谈之前，可以自己先动脑筋想想对方想要得到什么。

第五种，帮对方找到需求。

老销售员都知道，价格不能够成为困住生意的牵绊，尽快了解客户心里能承受的价位，给他提供最佳产品，介绍更多的商品信息，顺便给予适当的建议，然后给客户一定的时间，让他考虑。

同样如此，擅长解决问题的沟通达人经常在发现对方实际需要之后，帮助对方达成目的，得到信任。

有效的询问是建立在信任基础上

消费者都不喜欢推销员自顾自地说，不考虑消费者实际需要，让消费者相信你，这是你沟通的一个目的。让他满意，对自己也有好处，他感受到你的诚意了，沟通起来就顺畅多了。

我经常会用下面这八个问题来找目标人群，同时搞明白四点：问题、需求、预算、消费水平。

你能不能介绍一下当时的情形？

你的要求、目标是什么？

之前你是怎么选购该类产品的？

关于质量、价格、服务、性价比你是怎么考虑的？

你觉得质量、价格、服务、性价比重要的原因是什么？

假如……你会怎么选？

我们再来确定下情况，你确定是……

解决这几个问题，你感觉能给自己带来的好处是什么？

消费者通常都愿意把自己遇到的麻烦以及疑问跟别人倾诉，特别是碰到懂这方面的人，能够有共同的话题就更好了。

运用“3W”法则

当客户跟你说：“你们的服务出了问题”或者“我想要在这几个方面有所改进”，我们应该明白这是客户的信任，我们可以慢慢融入角色，开始引导客户。在推销过程中运用推销方法，很有可能会因为一点儿疏忽而出现偏差。我们提出来的问题无关紧要，或者我们提出的问题太少。为了将推销目的更好地隐藏起来，我们给销售人员总结出了“3W”法则。当客户向你倾诉自己遇到的问题时，你可以跟他提出这几个问题，拉长销售战线。

第一个 W：为什么 (Why)

销售人员应该提出这样一个问题：这为什么会是一个问题？或许你不明白背后的原因。或许你只是在凭借自己的经验来判断现状。你可以尝试进行假设，这些假设并不会直接促进你跟客户之间的生意谈判。举个例子：客户跟你说他在为寻找优秀的推销人员发愁。我们并不能从这句话中判断出他们选择雇佣销售人员是问题的一个原因。也许是销售过程较漫长而影响了业绩？是公司经营规模扩大需要更多的资金投入者？单纯听问题会发现问题大同小异，但针对不同的客户，问题背后的

原因大有不同。

第二个 W：什么 (What)

下面要根据客户提出的问题来思考其造成的影响。这个问题会对整体产生什么影响？这个问题给他们公司带来了经济损失？这个问题影响了公司形象？他们公司愿意给员工更多时间来解决这个问题吗？你可以针对这个问题带来的一系列影响，来得到你想要的答案。举个例子，这个问题给客户造成了什么样的经济影响（客户会因为这个问题蒙受多大的经济损失）？这个问题给客户的公司经营带来了什么影响（客户公司的市场行情不太好吗）？这个问题对客户本身而言造成什么样的影响（客户承受的压力，工作状态是否被影响）？

你找到了这些问题的答案，那谈判就变得有方向了，谈判成功率也会大大提升，原因就是你能够让客户知道合作能够给他带来的利与弊。

第三个 W：什么 (What)

这个问题看起来跟第二个问题一样，实际上这个问题相比第二个问题有了很大的提升。具体说就是，客户当前所遇到的问题或许会牵连出其他问题。如果客户不及时解决问题，未来会有什么损失呢？问题会变得更糟糕吗？假如再过一年这个问题会变得更严重吗？这个问题会成为他们公司很艰难的坎儿吗？

接下来我们举几个简单例子，具体介绍一下“3W”销售策略。

客户："我们需要改进营销方案，因为市场占有率在不断降低。"

销售员："这一定使你们很头疼。你们现在的营销方案具体是有什么问题呢？在你期待的状态中有哪几方面没有实现呢(即他觉得营销方案出现问题的原因)？"

客户："我们原来创造了很多商机，但事实上都没有取得好的成绩。"

销售员:"因为缺乏有效的客户让你们公司业绩受损了吗？你们公司的销售数额在下降吗？因为没能跟那些看重商品价值的客户合作成功，销售价格才降低的吗(这个问题带来的经济损失)？"

客户："我们公司也拿到不少订单，关键就是这些订单产生的利润较低。我们想要获得30%以上的利润，但现在还不

到 15%。”

销售员：“假如这个问题被继续搁置，对你们公司有什么影响(假如你们不积极改变，这个问题会给公司带来什么影响)？”

客户：“我们打算跟一部分员工解除劳动合同，实际上我不想这样。公司有很多优秀的员工，其中有些比我工作的时间还长(这样就可以看出来问题对客户自己的影响了)。”

“3W”法则能够帮你提出一些问题，根据客户的回答，了解问题，清楚问题不解决带来的影响。在回答问题的过程中客户会思考他们的需要。甚至愿意回答一些比较敏感的问题。在沟通过程中应该克制自己的个人情绪，多倾听，少说话。新制定好的方案在员工不配合的情况下没法落实，对自己会有什么影响。这个时候，客户想到公司会继续流失业务，竞争力下降，就没办法再去吸引其他客户，进而形成恶性循环。

运用“3W”法则，从中有了收获。这位客户最终把他所在部门的一部分工作外包给我，订单数额高达几十万美元，两者加强了合作关系。

探究客户的潜在需求

洞悉客户现在遇到的实际问题还远远不够。想要不浪费时间，你必须确定客户解决这个问题的意向性是否够大。我们经常会跟客户说不要太相信客户说的话。这些建议是用温和的方式说出来的。

但这并不代表你的客户没有跟你说实话，只能说销售人员应该加强搜集信息的本领，以利于判定客户想要改变的意向性有多少。销售人员往往在客户稍微有购买意向的时候就放松，开始写风险评估报告。最终客户只是轻描淡写地说："我们不应该把这个问题放在主要位置上。"客户这样说的原因就是销售人员并没有在面谈的时候提出关键问题，没有把握好客户想要改变的意向性。

你有没有跟小伙伴说自己想减肥，但实际上吃的更多，睡的时间更长了？现在还想要减肥，但也不去跑步，还在吃薯条，喝碳酸饮料。想把这些当作正餐来吃。是不是晚上熬夜看手机，第二天闹钟响了很多次，自己还睡得很香，起不来。

你跟朋友说自己想要减肥、锻炼身体这个想法以后，是不是自己也感觉就是说说而已？没有想要付诸行动，或者说还没有那么大的动力。你只是把自己的计划或者期望说出来了，行动的决心并不大。

你的客户也是这样。客户喜欢把他们的期望表达出来。销售人员这个时候以为自己找到了合作客户，于是很开心，不再继续追问其他问题，也不管客户看待目标的心态，战胜问题的决心。

心理医生很明白这一点。出色的心理医生明白，如果病人没有表现出太大的改变现状的决心，他也没办法治疗。假设一

个情景：如果一位医生心情浮躁，还没了解清楚病情，就轻易下定论，给病人开了药方。那么会出现什么情况呢？当有心理疾病的病人跟心理医生面谈的时候，心理医生问道：“你今天是有什么事儿？”病人很快地说出自己遇到了什么问题。“医生，我没办法控制自己的情绪。昨天下班回到家，我把狗踢飞了，原因就是我工作不顺心。然后，我靠在沙发上，喝了很多酒，吃了很多零食，最后在沙发上睡着了。早上醒来，脖子酸疼，头也很晕，感觉今天又很糟糕。”

听完以后，心理医生着急地展开了专业诊断，因为之前也遇到很多这样的情况。“杰克，不要着急，我们慢慢来。我先给你一张著名兽医的名片，你找他医治你的狗。然后，我这里还有一张本地 AB 组织的名片。该组织每周一跟周三上午八点可以约见。你很幸运，约见以后，就可以参加‘减肥组织’的会面。你可以先去参加 AB 组织，结束以后再去参加‘减肥组织’。我觉得这样你的狗以及你个人不良饮食等问题都可以得到解决。还有什么其他问题吗？”

杰克真的是想要改变自己的生活方式吗？并不是。这位心理医生还没有进行提问，就开始想当然地解决问题。他根本不知道杰克会按照他说的解决方案去执行的意向性是否强烈。

举个例子，客户跟你说：“我们目前的供应商提供的产品质量不过关，我们想要采取措施。”有经验的销售人员会克制住自己激动的心情，知道这只是客户在进行描述，还没有说自己想要改变的决心。因此，销售人员不应该想当然地觉得客户想要改变现状，应该根据客户的说法提出更多问题，验证客户想要改变的决心。

“你们已经合作了十几年，目前的产品质量问题是否一直存在呢？供应商方面是怎么出现问题的呢？”有经验的销售人员会向客户发问，让客户自己思考问题，表明自己改变现状的决心，而不是着急去写评估报告。

养成规范化的思维方式，不要轻易下定论，这样能够帮助自己控制情绪，提出合理的问题，从中判断出客户想要改变的决心。这种逻辑思维听上去可能有些烦琐，但事实上，有的客户跟销售人员约见仅仅是想要发泄自己的工作情绪，因此，一定不能把他们对工作的抱怨当成想要改变现状的决心。

寻找共同的话题，关心客户

推销员在给客户推销产品的时候，应该站在他们的立场，想一想什么才是他们真正需要的，真诚地给他们提建议，但不要强行让他们接受你的建议。当你付出真心的时候，客户会感受到，对你的戒备会少很多，也愿意跟你沟通。当交流过程中出现意见相反的情况时，先要认同客户观点，不要跟他发生争执，控制好个人情绪，认真听他讲话，让他感受到你的尊重，他会更愿意跟你交流，以便于你发现问题，然后进行有针对性的提出解决问题的办法。

以客户身份来思考问题，揣摩对方的心理感受

总是站在自己的角度去思考问题，这是人类的本能。我们一定要将这种本能掌控在合理范围以内，不然就成了自私自利之人。如果你能够控制这种本能，多换位思考，多理解他人，那你会赢得他人的信任与好感。

作为销售人员，客户是他们能够赢得利益的对象，说服了客户，就有利益可赚。这种关系，销售人员跟客户之间好像是对立的双方，这种状态不会持续太久，而且很容易发生变化。举个例子，销售人员在介绍商品的时候，以客户的立场去想问题。当销售人员以客户的角度看问题，很容易跟客户建立友好关系，可以更好地跟客户进行下一步交流。这样的好处就是，最后不仅能够拿下订单，还可以跟客户成为朋友。

著名企业家王永庆15岁就到一家米店当学徒。第二年，他从父亲那里借了200元，自己开了一家米店。当时为了提升和旁边的日本米店之间的竞争力，他花费了很多工夫。

那时候大米加工技术相对落后，市面上售卖的大米常常掺杂着沙子、小石头等，人们都习以为常。王永庆注意到了这一点，他把米里面的杂物都处理干净，吸引了很多消费者。

王永庆提供送米上门服务，他把消费者家庭情况记录在本子上，总共几口人、用米量、薪资发放日期等。消费者家里快

没米了就送米过去；到了发工资的日子，就前去收钱。

他把米送到消费者家里的时候，一般会把缸里还剩下的米倒出来，把缸洗干净，再将新米倒进去，把旧米放在最上面。这样米就不会因为被放置太久而生虫子。他的服务令很多消费者感动，所以回头客自然会逐渐增加。

王永庆之后成为台湾的行业领头人也是意料之中的。如果销售人员可以从客户角度去考虑问题，那他就能帮客户想到很多实际问题，会主动帮助客户去解决问题。其实，客户需要买米的话，有很多家店可以选择，那他们为什么会偏偏只选王永庆的店呢？因为客户购买商品不仅仅是为了买到质量高的商品，他们也希望能够得到商家足够好的服务，服务能够为企业带来的价值远比商品本身更重要。

其实，销售人员把自己放在客户的位置上思考问题，就会知道帮客户想问题，想解决方案。不然的话，不知道站在客户角度考虑问题，有时候只是一句话也容易让客户失望。

举个例子：一位女士到医院就诊，由于她的血管太细，新护士找不到血管，扎了好几针都没弄好，这位女士疼哭了。她丈夫跟新护士说："要不，让更有经验的护士先帮忙扎针吧。"

新护士说："不行，我要自己来，再试几次吧！"

女士听完护士的话差点儿晕过去，她丈夫也很生气。

护士可能只是无意说了这句话，从她个人角度来看，她还很有应对挑战心理，知难而上。然而，她没有考虑周围环境，她没有为看病的女士着想，不顾病人疼痛，这种护士是没办法得到病人认可的。

销售人员不断地跟客户讲自己的产品质量是多么好，拿过多少荣誉大奖，年销售量高达多少，也不管客户有没有在听。更糟糕的是，有的销售人员会跟客户这样说："假如你不买我们的产品，就说明你没有眼光，品位低。"

客户听到这样的话能高高兴兴地购买商品吗？

销售人员到底该如何站在客户的角度去思考问题呢？

1. 确定客户的期望与需求

客户最想要得到的是价值，然后才是价格，换句话说，客户想要一个满意的结果，也可以说是一个过程。知道客户想要什么以后，就可以按照他的期望与需求来为其推荐。

2. 发现客户的困难，并给予帮助

不管客户是否会给你带来利益，当他们在生活上遇到麻烦的时候，你能够保持善良，对他们进行适当的帮助，他们能够感受到你的真诚，会慢慢地跟你建立起信任与好感。

3. 诚心帮助，不说大话

有些销售人员为了能够从客户那里得到一点儿利益，表现得很关心对方，采用说话技巧来诱导客户购买商品，从中获益。这种销售手段在初期阶段效果会比较好，但终究是不长久的，毕竟跟这些客户打交道的次数多了，会出现很多漏洞，被客户发现销售人员的虚情假意，然后留下坏印象，以后就很难再次合作了。

我们总是说人类是感性动物，你真心对待客户，客户自然也会真心对待你。高级销售是不需要借助于任何技巧的，关键就在于真心以及实际行动，为客户的切身利益着想，帮他们节省开支，同时也尽量达成合作，体现出爱岗敬业的精神，从而受到客户的尊重与认可。

巧妙地表现出你真心认为客户很重要，以打动他的心

销售人员最能打动客户的方法是让他们感觉到你是发自内心地把他们放在很重要的位置。著名哲学家约翰·杜威说过："人类天性里有一种最深刻的冲动，就是希望具有重要性。"有客户走过来浏览商品时，销售人员不管不顾，态度冷淡，客户在这样的氛围当中肯定是不愿意购买的，以后再看到这个销售员估计也直接不买了。如果销售人员到客户家里进行推销，没有表现出尊重，客户提的疑问多了点儿就不耐烦，向客户表示不满，跟客户发生争执，这种销售人员是会被客户赶出去的。人们的情感是在不断变化的，导致情感发生变化的原因是多样的，有的让人开心，有的让人生气，有的让人冷静，有的让人急躁。同样是一句话，带给人们的感受是大不相同，能够合理掌控自己的情绪，能让对方感到自己被尊重，这样沟通氛围会更加轻松。每个人都希望被别人尊重，想要被别人关注，这是人类的本性。确实如此，我们都生活在同一片蓝天下，大家都保持积极向上的心态，通过不断的努力，想要获得一定的社会地位和声誉，想要被别人赞美，没有人会喜欢永远当一片绿叶，不被重视。

所以，销售人员可以利用人们的这种心理，以此作为销售的突破口。销售人员可以通过刺激客户，从而签下订单。

有一家食品工厂在开展内部改造以及扩建工程，他们写了个标语“创办本土第一大食品工厂”。随后，就有很多食品器械厂商过来推销自己的产品，夸赞自己的产品，但是该食品厂经理并没有跟他们其中的任何一家签下订单，这几家厂商老板都很失望。

中间有另外一家厂商的推销人员给这家食品工厂经理打电话推荐产品，他说：“我们厂最新生产了一批新款食品加工器械，第一批目前已经上市，合作过的客户反馈都很好。不过，我们还是希望能继续改进，行业内的人都说您是这方面的专家，不仅实践经验多，而且理论知识也很扎实，因此我们想邀请您到我们厂帮忙检验这一批新器械，给我们提出一些可行性的建议。当然，我们也知道您工作繁忙，我们会一直期待着您的到来。”经理听完这个推销员的电话，心里很高兴，很快就让秘书安排时间前往那家工厂。

他准时到了那家工厂，认真地展开了抽样检验，并且举办了一个专场讲座。厂家让工厂技术人员以及管理人员全都到场学习，在讲座即将结束的时候，他还讲述了自己丰富的工作经验以及对于这一批器械的评价。讲座结束以后，他笑着说：“贵厂虽然规模很大，但能够保持如此谦虚、精益求精的态度实在是难得，我们厂非常需要这样的合作伙伴，我从贵厂订购一批新型器械进行试用，如果效果好的话，以后就从贵厂订购更多的器械。”等到他回到厂里以后，秘书说：“这家工厂的销售可真是聪明，前面有好几家工厂来推销，您都没看上，最后却买了他们的。”经理却说：“不是他们给我推销的，他们只是希望我过去给他们进行简单的指导，我自己觉得他们工厂的器械确实可以，才决定购买的。”

从这个故事中，我们能够发现巧妙的推销方式能够让客户在被尊重、被追捧的过程中，跟客户拉近关系，消除客户对你的戒备心理，还能给客户一个夸赞自己的机会，满足他的虚荣心，他会更开心地购买产品，说不定会购买更多。

销售人员需要合理地把控客户的这种心理，把客户挂在心上，客户也会记挂着你。

让客户知道产品的潜在价值，知道这才是适合他的

在销售的过程中，销售人员需要帮助客户挖掘产品深层次的价值，让客户知道这款产品才是适合他的。出色的销售人员比较擅长运用这种技巧，能够引导客户，让客户认可产品，并且签下订单。

世界上最出色的推销训练大师汤姆·霍普金斯曾说过：“客户在购买产品时会产生两个动因：一个是购买动因，一个是拒绝动因。客户通过权衡这两个动因的得失而做出购买的决定。

销售员的工作就是找到客户拒绝的原因，帮客户解决问题，把拒绝的动因转换成购买的动因，最终让客户做出购买决定。”

假如你没办法利用产品优势来吸引客户，没办法将产品对客户的意义传达给他，是没有办法避免被拒绝的，他也不会高高兴兴地购买。

每一位客户都有自己的想法，销售人员要善于发现客户的真实想法，以客户的立场来考虑问题，这样才可以挽留更多的客户。

1. 把握客户的需求方向

销售人员想要的是商品价值，客户想要的是使用价值，怎么样才能让这两种价值保持平衡呢？销售人员要把握客户的需求方向，替客户多想想，然后告诉客户该产品能够为他带来的

实际价值，这样他才会对产品感兴趣。

2. 消除客户的忧虑

销售人员的推销宣传吸引了客户，客户已经简单了解了产品，而且有购买意向。可是你询问他是否购买的时候，他说了一些理由来推脱，就是不购买。出现这种情况的时候，你应该思考一下，客户这样表现的原因，他们是在担忧什么，是你将产品卖给他们以后的售后服务，还是产品的使用年限，或者是其他原因。找准原因以后，要消除客户的忧虑，增加他们对产品的好感，让他们明白购买产品是一个不错的选择。

3. 告诉客户产品的附加服务

客户购买产品，很多时候不光是想要得到使用价值，还想要得到一些其他服务，就是花小钱，买大实惠。举个例子，新款机器性能优良、省电、噪音小以及免费上门服务等。这些相关问题都是客户比较在意的。销售人员能够帮助客户消除这些顾虑，那么成单率会高很多。

4. 给予客户适当刺激

客户在同一类型产品中进行选择的时候是基于自身的实际需要，但最终也会受到销售人员推销介绍的影响。或许销售人员的话会让客户产生羡慕以及比较心理，能够在短时间内起到刺激作用，然后在此基础上，给客户介绍他现在需要购买的商品。

需要记住：以客户的角度推销，给客户介绍他们想要的产品，满足客户的实际需要，这样你的推销效率才高。把客户的

问题当成自己正面临的实际问题，为他们多考虑。

对于销售人员而言，他们最想看到的结果就是拿下订单。在这个想法的驱使下，销售人员会为了达到自己的目的，可能产生欺骗客户的想法。他们会采取各种做法，诱骗客户买那些听起来价格优惠实际上质量没有保证的高价产品，在客户买了产品以后就忘了售后服务的事情。

通常情况下，销售人员都会在工作中谋利益，但这并不能成为工作的全部目的，尤其是不能以欺骗客户的形式来达成目的。这么做也是目光短浅的一种行为。客户利益受到损失，那么就不会再有第二次，长期下去，客流量就会逐渐减少，销售人员能够赚到的利益也会相应减少。

应该这样做：销售人员把每一个客户都当成长期合作的对象来对待，为客户解决问题，而不是想办法在最短的时间内将产品推销给客户。

所以，想要抓住老客户，吸引新客户，销售人员需要发自内心地为客户着想，赢得客户的好感。

能够时刻为客户着想的销售人员已经达到了销售的最高境界。如果客户感觉到销售人员是在想办法为自己解决麻烦，他会放下戒备心态，更倾向于从他这里购买产品。

因此，在销售的整个过程中，销售人员要体现出为客户着想，时刻考虑客户的利益，态度诚恳，这样客户对你的信任感会多一点儿，成为长期合作伙伴的概率也会高一点儿。

诚心诚意给客户提建议，帮助客户解决问题

在推销产品的时候，销售人员诚心诚意给客户提供可行性建议，能够很快打破客户的抵触心理，延长沟通时间，改善沟通氛围。一般情况下，客户见到推销人员就会提高警惕，对推销人员说的话都有偏见，特别抵触他们推销的产品。

造成这种现状的原因不是说客户防备心太强，是因为很多销售人员没有以真诚的态度对待客户，不顾客户的实际需要强行推荐产品。换言之，一些销售人员的低劣行为让客户对销售人员的印象很差，影响了所有销售人员的工作。改变这种状态的办法就是，销售人员自己用充满真诚的态度对待客户，为客户解决实际问题。

如果客户表达能力不是很好或者他自己也不知道真正的需求是什么的时候，销售人员应该换位思考，假设自己就是客户，该怎样选择产品。在给客户提供建议的时候，一定不能对客户的模糊想法有所谴责，应该站在他们的立场考虑问题，帮他们谋求最大化的利益，同时说服他们相信。

有的客户一开始只知道自己有部分需求，却不知道该购买什么样的产品，他或许会把自己的需求直接跟销售人员说，让销售人员帮忙推荐。这个时候，就算销售人员觉得自己很懂产品，很清楚客户遇到的实际问题，在提供建议的时候也要保持

谦虚、真诚，把最后的选择权交给客户，另外也要进行适当的提问，以便发现客户的实际需求。

还有些客户因为对销售人员有抵触心理，所以不想直接跟销售人员说自己的需求，如果发现存在这种情况，销售人员可以用自己真诚的态度打动客户，让客户接受自己的建议。

不管是给哪种类型的客户提供建议，都应该注意这几点：

1. 销售人员只是给客户提供个人想法的简单建议，最终确定要怎么选择是客户的想法，不要给客户强行推荐。

2. 要以积极向上的方式跟客户沟通，不要传播负面情绪。

3. 用生动形象的语言给客户进行描述，引导客户想象，提升购买意向。

4. 告诉客户如果发现产品不适合的时候应该采取的措施，帮助客户消除顾虑。

只有在销售人员真心帮助客户消除顾虑的情况下，客户才能对推销人员不那么抗拒，跟销售人员真诚沟通。

“以退为进”的销售技巧

遇到较劲儿的客户，可以选择对抗或者避开，也可以选择以更加智慧的方式应对。有经验的销售人员能发现负面的触点，他们会巧妙地避开这些雷区，避免麻烦。他们能够合理掌控自己的情绪，处理好大家不愿面对的、难以解决的问题。这些问题很显然，大家都能感受到。在前面提到的爱发泄情绪的故事当中，带有抗拒态度的客户明显是不愿意参加会面的。真正能够解决问题的人是不会焦急地围着问题团团转的，他们能够愉快地解决问题。

情商高的销售人员不会将这些明显存在的问题置之不顾，他会冷静地中断会面，然后简单说明这样的情况：

“首先，非常感谢你们从百忙之中抽出时间来跟我面对面地交流。但我觉得我们应该换个话题，对吧？”

这句话是以商量的口吻来沟通，不带个人情绪。销售人员冷静地指出问题，这个问题是在场的所有人都意识到的问题。我们叫作“说事实”，这是一种很强的沟通技能。根据伍登教练的说法，这样可以让自己管好自己的情绪，而不是反被情绪所控制。

把这个问题说出来,或者让大家都意识到这个问题的存在，需要我们有较高的情商以及一定的神经学知识。

第一，你应该知道人们感受到不利因素出现以后，会产生什么样的生理反应。发现问题是我们打破局面以及取得进展的第一步。第二，观察能力有了进步，你需要清晰地发现问题的触发点在哪儿，然后根据大脑反应在以下两种情商技能中进行选择。

1. 自我感知：这是一种自我体会以及对事情敏感程度的能力，也是让我们能够反过来思考自身该选择什么方式去应对他人的能力。

2．自我认同：这是一种以自己认可的形式来说明自己实际需要的能力。比如说：“假如你不能跟我沟通，我就不写风险评估报告。”

让客户高高兴兴地花钱

销售员在销售过程中提出的问题不够充分，由于在客户第一次表示反对意见时就开始逃避问题。销售员意识到以后开始提问题，并进行调整，却没有实际效果，这是因为客户已经发表很多看法了。以下是几种容易让销售人员出现逃避以及抵触情绪的情况。

客户：“我不确定贵公司是否可以处理好这些问题。”

销售员："我们公司有一批专家团队，而且已经有60多年的历史了（然后，销售员继续滔滔不绝地夸赞自己的公司。这个时候销售员沉醉于自我演讲当中，试图说服客户购买商品）。"

客户："我们不确定现在是否适合推动该项目。"

销售员："没关系，接下来的几周内，我会继续跟你联系的。"（销售员开始逃避，他把客户当作之后的销售对象。关键是他没有向客户提出一个关键问题："那照您看什么时候是比较合适的呢？"）

聪明的销售员会很快发现隐藏的触发点，很好地控制自己的情绪，使用我们叫作"认同与联合"的技能。客户提出跟我们相反观点时，跟客户争论只会让客户离我们更远。首先应该做地就是认可客户的观点，当你跟客户保持同一观点的时候，你就不会再抵触或者逃避客户。

认同与联合的策略从类型上来说是"切断模式"，是神经学语言编程学中经常使用的一种交流工具。在销售的过程中，使用这种技能，能够减少跟客户之间出现"腰反射"的防御机制与固定化反应的可能性。这样不仅是超出了客户自己的意料，也有助于你改善自己的情绪以及反应，避免陷入逃避或者抵触情绪当中，这样你就能稳定情绪继续向客户提问。下面我们来看下这种技能在具体销售中是怎么发挥作用的。

客户："我不确定贵公司是否有能力帮我们处理好这些问题。"

销售员首先表示认同：“我觉得您说的也在理。我也不敢保证我们公司一定能够帮助您处理好这些问题。那接下来，就让我们一起探讨下我们公司能不能给您提供可以处理好这些问题的办法。”

客户：“我不确定现在是否适合推动这个项目。”

销售员首先表示认同：“或许现在确实不是适合的时机。那我们现在应该一起研究延迟推动项目带来的影响。这样我们就能够更好地确定适合推动项目的具体时间。”

同心理与自我认知能力对销售员来说帮助很大。首先，你发现自己可能会陷入抵抗或者逃避状态。随后，你应该尽量让自己表现出同心理，以客户的身份去理解问题。当你做到同心理之后，就更容易理解客户所说的话，就会自觉地去帮助证实客户的观点，原因就是你很想了解客户的想法，包括这些想法背后的理论依据。

《纽约时报》专栏作家托马斯·弗里德曼在马萨诸塞州威廉镇的威廉学院的毕业生演说上曾经这样讲过：如果在你与意见相悖的人交谈，你能表现出对他们的尊重，耐心听他们讲完，想想他们说的话是对还是不对，那你就能继续跟他们交流下去。这个时候，只要你做出类似这样的回应“你说的挺有道理”“我认真听了你说的话”，你会发现一件神奇的事情，原来很躁动的人会慢慢温柔起来。不要小看在他们讲话时你耐心地听他们讲话时带给他们的感受。同样的道理，你认真听他们讲话，他们也会认真地听你发表观点。

销售员不需要跟客户为了一两句话争得面红耳赤，反过来认同客户的观点，在他们惊讶之余，证明他们的说法是正确的。当发现你在认真听他们讲话，会更愿意花时间，花精力跟你交流。这样你就多了几次提问的机会，他们会对你产生好感。愿意跟你分享他们现在面临的境况，方便你发现适合他们的产品类型。

SECTION

第九章

打消客户顾虑，“多交流，有针对性解决”

客户有疑问提出，我们要积极回应，学会控制不良情绪。如果客户的要求过高，可以选择打太极的回应方式，不要着急反驳，可以选择先认同他的说法，然后再慢慢婉转地说服他。反过来，也要向客户提问，问题要在点子上。注意编织自己的关系网，拉近客户关系的方式有很多，目光要长远，不能只在乎一时的得失。

抓主要问题，确定客户的真实意向

在推销的时候，经常会出现客户有异议的情况。异议是否真实，销售员要学会辨别，具备一定的观察能力以及问题分析能力，确定客户的异议是否真实，了解客户的真实想法。不然的话，你大部分时间都花在琐碎的事务上，抓不住要害，以至于客源流失，销售任务完不成。

有些时候，客户的异议有些苛刻，仿佛是在故意刁难你。不管他们说什么，都是有理由的。你要学会向他们提问，发现异议背后的真实问题。假如你的提问方向偏了，或者你的问题太片面，把客户引到封闭空间内，这样怎么从客户那里得到真实的答案呢？

如果销售员知道了客户的真实异议，那就方便了解客户需要的实际产品类型。因此，辨别客户的异议是否真实很有必要。发现客户的关注点，才能够选择合理处理问题的方式。

有个推销高档茶具的销售员，带着自己的产品到了一家精品茶馆开始推销。客户一再拒绝，表示自己不会购买这种茶具，但最后还是买了，我们来看看这个销售员是怎么做到的。

销售员：“您好，茶馆儿生意挺好的啊，人来人往的。”

客户手里端着一套茶具说：“还可以，您跟我来。”

销售员说：“这套茶具看起来挺好的。”

客户笑笑说：“嗯嗯，差不多，我们这儿也不需要买太贵的。”

销售员随手拿出自己的茶具说：“您看下我这套茶具怎么样，这是我们公司最新出的一款茶具，非常实用，而且价格不贵，挺适合你们的。”

客户：“看起来是挺好的，这一套多少钱啊？”

销售员：“800 元，这个价格还算可以吧？”

客户：“嗯嗯，可是我们现在不需要再买茶具了。”

销售员：“你们茶馆儿生意这么好，顾客多了，免不了会有个磕磕碰碰的，总是会需要的嘛。”

客户：“抱歉，我们真的不需要。”

销售员思考了下问道：“对于产品的价格以及款式，我看您都挺满意的，是有什么其他地方您觉得不适合吗？”

客户：“我之前没听说过你们公司，能不能给我看下你们

的生产许可证？”

销售员：“哦，是这样啊！我们公司是经过国家认证的大型生产企业，这个是我们公司的生产许可证，您先看看。”然后将证书递给了客户。

客户认真翻看了一遍，然后说：“嗯嗯，那你先留下一套吧，我们先试用下效果。”

于是，客户买了一套茶具。

在连续追问之下，销售员知道客户异议背后的真实想法，快速打消了客户的顾虑，这便是销售员在应对客户异议的时候的智慧体现。

在销售过程中，客户不想跟你合作肯定会有原因，销售员要学会找出真实原因，辨别异议是否是真实的，然后才能继续推销产品。销售员究竟该从哪些地方判断客户异议的真实性呢？

1. 注意观察客户的眼神

眼睛能够将客户的心理活动通过眼神表现出来，比如说人们想问题的时候眼神看起来比较无神，是由于他在认真思考，没有将心思用在观看上面。在他跟你交流的时候，如果他眼睛正视着你，那么他这个时候说的话一般是真的。如果他眼神飘忽不定，那说明他的话可能存在一些问题，这个时候要多动脑思考。

2. 注意聆听客户的声音

当人们说的话跟自己的真实想法有差异时，他的行为举止

会有点儿变化，就连说话的声音也会跟正常的时候不太一样。

因此，如果客户跟你提出了异议，你要注意听他的声音，包括语速、声调等，如果他说话结巴，那说明可能存在异议。因此，你要特别认真地听客户说话。

3. 及时征求客户意见

如果客户提出了异议，你经过声音、眼神等方面的判断，发现确实存在异议。但还是不能确定客户的真正想法，那就需要向客户提问，抓住真正的要害。以下是两种比较有帮助的提问方式。

（1）直接提问

你向客户提出了各种问题还是没办法找到真正原因，那就不要再继续问其他问题了，直接问他。你可以这样说：“您还有什么疑问吗？可以直接告诉我，或许我能够帮您解答疑问”“您对产品有其他想法吗”“我还有什么其他问题可以帮到您的吗”等。如果你跟客户这样说，有可能就是正确的提问方式了，他会把真实的原因跟你说明。

（2）间接提问

好多情况下，客户的异议方向比较模糊，你没办法下定论。这个时候，直接提问显得过于唐突，还是委婉点儿，间接提问比较好些，一步步引导客户回答问题，可以这样说：“我们是不是哪里还需要改进？”

4. 搞清楚客户的话中话

其实，很多客户提出异议的背后都是想要知道更多信息，下面就是这样的例子。

异议：我并不觉得这个产品值这么多钱。

真实想法：你要证明给我看。

异议：这个尺寸不太适合。

真实想法：你要证明这个尺寸是比较适合我的。

异议：我没有听说过你们公司。

真实想法：你要给我说明你们公司的情况。

异议：我现在资金紧张，所以近期不打算买新款。

真实想法：你要证明这款新品是我特别需要的，否则我是不会购买的。

假如销售员没有从客户的异议里面听出来真实想法，那你会跟很多笔订单失之交臂。

一定要明白：客户异议的真实性是在不断提问中发现的。善于提问的销售员，能够很快地判断客户的真实想法，推动销售流程。

首先接纳客户的意见，之后再委婉地说服客户

如果客户向你发表了他的个人想法，其中有对产品的异议。为了不让客户对你有抗拒情绪，就算他说的是毫无根据的，作为销售员也要保持理性，先接受他的意见，之后再慢慢说服他，向他讲解。如果客户的意见确实是有一定道理，那你不仅要接

受，还要表示欣赏。

客户：“你们这产品是冒牌货吧？”

“……我挺不喜欢你们公司的……”

表示接受应这样回答：“我能理解您的意思……”

“嗯嗯，您说的我能够明白。”

客户：“这个价格也太高了吧。”

销售员：“确实是有点儿，但质量好的产品是需要高成本的，价格都不低。”

销售员把客户的反对意见当成是对问题的回应，可以让客户有种真的需要购买这款产品的意识。当出现反对意见的时候，销售员先接纳客户的观点，当客户不再生气，语气有所缓和之后，再提出一个恰当的购买方案。一方面缓解争执，另一方面给客户留下好的印象。

如果销售员能够学会“接纳”“赞同”“喜欢”的沟通技巧后，习惯仅跟着另外两个字“但是”“如果”，那么这两个转折词会给客户带来一定程度上的刺激，这也是你接受客户的观点之后还是被客户拒绝的缘由之一。

当你在接受客户的观点时，他很快就能联想出你的下一句话开头是“但是”，那他自然还是觉得你是在强行说服他，心里会更加排斥。类似这种不太适合的推销方式，“我赞同您的说法，但是”是很难说服客户的。所以，我们应该采用不太明显的方式去推翻客户的说法，不要将“但是”“可是”之类的词语跟你刚刚赞美过的话连接太紧密，要在话中体现出否定的意思。

1．“是的……最后……”

“最后”一词虽然体现出转折的意思，但也比“但是”“可是”这一类词效果要好得多，客户听起来会更舒服些。

客户说：“这个价格也太高了吧。”销售员在旁边应声：“确实有点儿贵，很多人一开始都是接受不了的。”接着转变了方向，继续说：“但经过仔细对比之后，他们还是会觉得这款产品是值这个价的。”

2．“是的……如果……”

“是的……如果这个句式是从“是的……但是……”转化过来的，“但是”这个词听起来太刺耳，几乎是否定了你之前的那个“是的”，客户会觉得你是在敷衍他。

试着对比下面两种说法，感受一下，是不是差距挺大的？

A：“您一点儿也不明白我说的，因为实际情况是……”

B：“说实话，在正常情况下，您说的确实是有道理的，如果实际情况是这样的，您觉得我们是不是需要……”

A：“您的说法是错误的，因为……”

B:“您会这样想是正常的，我第一次听到的时候，跟您的想法是一样的，如果我们进行详细对比……”

3．“是的……只是……”

“是的，李小姐，我知道您说的，只是我需要说明一点的是……”

“李小姐，我很赞同您的说法，我需要跟您说明的是……”

用以事实为依据的姿态去沟通，采用委婉的方式去否定，这是出色的销售员在销售过程中的正常表现。

客户有异议，以“打太极”的方式以柔克刚

在推销的时候总是会遇到一些麻烦，被客户各种质疑。如果问题出现了，销售员不冷静，直接去跟客户顶撞，那结果只会是客户走掉。经验丰富的销售员，他们会更稳重一些，也就是控制自己的情绪，赢得订单，获得更多的客户。

当你准备对客户提出的异议进行辩解的时候，不要引起正面冲突，不能去跟客户顶撞，导致双方出现尴尬局面。

世界顶尖销售大师马里奥·欧霍文曾说过：“当销售员在处理客户的异议时，直接反驳的言语经常是客户不能接受的。而且会让他们陷入尴尬状态，很难继续沟通。即使说服了客户，客户心里也会感到别扭。所以跟客户辩解的时候，一定要委婉，不能直接反驳。”

我们都知道，太极的至高境界就是以柔克刚。

在销售的时候，客户看起来态度蛮横，总是提出过分的要求，你能不能做到像打太极那样跟客户对话呢？假如你的语气比客户还冲，客户说一句，你顶回去好几句，客户生气之后，业绩还有戏吗？

一位卖保健设备的推销员前往客户家里进行推销，我们来

共同见证下他是怎么给客户介绍商品的。

销售员：“您好，为了您个人的身体健康，我们来谈几分钟，可以吗？”

客户：“可以，请说。”

销售员：“我们公司研发出了一款新的保健设备，专门是为中老年群体服务的，现在上市没多久，已经收到很多客户的好评。它对于人体的脊椎以及其他各个关节都是有按摩效果的……”

客户：“您好，我想确认下这款设备是由你们公司生产的吗？”

销售员：“是的，您之前听说过我们公司吗？那我就不过多介绍了，您应该都清楚。”

客户：“之前听过，总是会出现质量问题。”

销售员：“真的吗？”

客户：“有朋友说你们公司的产品总是价格高，质量还不好。”

销售员：“是不是搞错了？我们公司的产品使用的都是行业内最先进的技术，怎么会像您说的那样呢？”

客户：“谁都会说自己的产品是好的，但我肯定不买你们的。”

销售员：“太过分了！”

这样争来争去的，销售员说的话只能是增加客户对公司的不良印象。假如你能像打太极那样，冷静应对所有突发情况，状态肯定会好很多。

客户：“谁都会说自己的产品是好的，但我肯定不买你们的。”

销售员：“我很理解您的想法，我在买东西的时候也经常这样，听到别人说不好，我就赶紧走开了。”

这个时候，销售员介绍下产品的优势，然后说：“关于这款产品的功能特性，我想您应该已经大概了解了，我在这儿说它好，您可能不相信，那我让您亲自体验一下，您可能就会明白。”

客户：“效果是挺好的。”

之后继续跟客户沟通，客户最终购买了该款产品。

客户听别人说产品质量有问题，那可能也就是随便一说，销售员要有包容心，亲切地去跟客户解释，让他亲自体验，效果好了，自然不用多说。

客户有异议，这个时候销售员如果硬怼回去，这笔订单肯定是会落空的。这位销售员能够保持原来的状态，继续给客户解答各种疑问，结果就是客户买了这款设备。

客户的异议是存在真假之分的，有的是真实的，有的是虚假的，出现异议，销售员应该采取各种措施来应对。特别是那些有偏颇的，销售员更要小心处理，如果没有解决好问题，可能会给公司形象带来负面影响，流失客户。

1. “是”—“但是”法

向客户回答问题的时候，说“是”，然后再说“但是”来讲自己的看法。举个例子，“您刚刚说这款睫毛膏比较干，确实是这样，但你在使用之前来回这样拉几次就能将膏体充分刷在睫毛上，就不会有干的感觉。”

2. 先提出客户的疑虑

自己预料到客户可能会说哪些问题，想要不让客户质疑，就要比他还先说出来，以一种自问自答的方式解决掉这个问题，打消客户的疑虑。这样一方面可以消除客户的疑虑，另一方面客户会觉得你很诚恳，主动说出问题所在，不隐藏，对你的信任感会提升。

销售员一定不要给自己挖坑儿，要明白：自己主动提出商品的不足之处，后面是要给客户一个合理的解释。举个例子，“您可能是在顾虑压力是否过高了，不用担心，这款安全阀就

是用来防止压力过大的。”

3. **咨询法**

客户提出了一些反对意见，你从中发现存在错误的观点，然后用咨询的方式征求意见。比如：

一位客户正在看一把塑料手柄的锯，说：“这把锯的手柄为什么会是塑料的，这样是为了减少成本吗？”

销售员：“采用塑料手柄确实比金属材质要便宜些，但这种做法的真实目的并不是这样。您可以看到，虽然是塑料材质，但坚硬程度跟金属材质的差不多，在实用性相当的情况下，轻巧便宜的与笨重昂贵的，您更喜欢哪一种呢？”

4. **采用比喻手法**

以讲述事实或采用资料发放、多媒体播放等形式展示，采用生动形象的方式让客户更放心。比如：

客户：“正常的一张脸，去擦那么多化妆品，肯定会伤害皮肤的吧？”

销售员：“您看我们平时都穿着衣服，一层层衣服里面的皮肤不受紫外线的辐射，没有空气中的粉尘附着，所以看起来很鲜嫩，平滑。可是我们的脸部皮肤因为紫外线的辐射而长出很多黑斑，皮肤分泌的油脂在粉尘的附着下堵住了毛孔，导致出现过敏、痘痘、黄斑等皮肤问题。因此，我们也应该给脸部皮肤穿上一层保护衣。”

要明白：跟客户互相争执不休，只能失去客户。如果你态度温和，又耐心地解答他的疑问，就算他再强硬，最终也会温和起来。

有效提问，你就离成功不远了

跟客户介绍商品之前，要弄明白客户的实际需要，要以提问的方式，不断打开他的心结，跟你诉说他的需求，那你就方便有针对性地推销产品了。

想要得到不错的谈判结果就要搞明白客户的实际需要。

怎么样才能把握得住客户的真实需求呢？最稳妥的方式就是提出有用的问题。当你跟客户交流的时候，你问他几个关键问题，不断寻求问题的所在，总有一个问题是能够让他说出心里话的。

能够找到客户真实需求的，不是一个劲儿地跟客户提问，而是问到点子上。怎么样才能问到点子上呢？下面有三种方式：状况咨询法、问题咨询法和暗示咨询法，可以进行学习。

状况咨询法

在平常人际交往中，身边的朋友会跟我们说："你喜欢看电影吗""你现在工作怎么样""你准备去哪里玩"，这些都是很基本的问题，用来了解对方当前状况的。

上面的提问方式就是"状态咨询法"。你对客户进行状态咨询的时候，肯定是要围绕产品的话题。比如"你们工厂的用电情况怎么样""你最近制订财务计划吗"等。状态咨询法就

是经过咨询，发现客户遇到的实际问题，以及猜测客户的心理。

问题咨询法

如果你已经知道了客户目前的状况，也猜到了他大概的心情，想要进一步发现客户对现状的不满意，你会继续提出问题，基本上就是围绕着探究他的潜在需求来展开话题的，比如：

“您现在在进行哪方面的投资？”（状态咨询）

“买了还没上市的股票。”

“现在抛出去了吗？”（状态咨询）

“没。”

“那现在情况怎么样？有发现什么苗头吗？”

“现在状况不太理想，几乎没法卖出去，因为要出手的人太多了，很烦。”

根据这样一个简单对话，我们可以看出问题咨询法能够帮助我们发现客户不满意的地方，了解了这些，我们就能进一步挖掘客户的潜在需求了。

暗示咨询法

你挖掘到客户的潜在需求以后，可以采取这种暗示性的咨询，根据客户目前正烦躁的地方，提供切实可行的解决办法，这就是“暗示咨询法”。比如：

“我们这边儿的保险投资保单很容易操作，如果需要用现金，只要提出申请，2 小时以内就可以，您觉得怎么样？”（暗示咨询法）

“很早之前就想要买保险投资保单，就是有些犹豫。”

所以，想让客户买你的服务或者产品，要学会灵活运用上面三种提问方式。当你可以自由转换上面三种提问方式的时候，客户会在你的引导下慢慢说出他的问题以及需求，这个时候你就可以自信满满地跟他介绍产品，也就是说已经到了可以推销产品的时机了。

不要催得太着急

销售员跟客户介绍过商品以后，一般还会问客户是否还有其他需求，如果客户对于刚才的谈话表示比较满意，那你应该抓紧时间催他下单，然后以积极向上的态度以及生动的语言描述，让他想象购买该商品之后所能享受的便利。

需要记住：这种购买建议目的性比较明确，一次就好，不要说太多次。

如果你不断地跟对方说购买事宜，只能让对方觉得你在强行推销，很反感。客户在听到你的第一次建议之后没有反应，背后肯定是有原因的，你应该做的是去找背后的原因。你可以试着这样问：你这边儿还有什么其他疑问吗？有没有什么地方不清晰的，需要我再给你解释下吗？

销售新手猜不出来客户心里的真实想法，只能是在听客户说完以后，自己大概粗略猜测一下，但这个时候给客户提供的建议就比较欠缺，自己说的跟客户想要的不一样，将自己不专业的一面表现出来了，会让客户更加反感。

所以，与其花费精力在产品专业化上面，还不如将时间用在跟客户多沟通上，一点儿一点儿接近客户的心里想法，帮他

确定自己想要的，让他相信你提供的方法是可行的。

说得多，不如问得巧

跟客户聊的内容越多，当然知道的信息就会越多，跟客户的关系就越近。但如果没有方向性地乱说是没有效率的，不注重提问的技巧，会让对方感到很费力，沟通没有效果。因此，提问的时候要学会使用技巧，抓紧最佳时机。

九种提问技巧

销售员在提问的时候，往往会面临很多尴尬的问题，以致自己都不知道怎么解决，下面是几个比较实用的提问技巧，分享出来供大家学习。

1. 准备好问题。在跟客户沟通之前自己先做好准备，已经了解的信息肯定是不需要再重复问的，重点就是那些还不了解的信息需要多问几遍，效率会更高。

2. 找相关事务来问。有时候太直接地问人家：“你最近有购买新产品的需要吗？”不如换一种问法，问：“贵公司最近是否在进行改进效率的计划，今年打算在机械设备上投入多少呢？”这样更委婉，听起来更顺耳。

3. 问题要清晰。如果你问得太宽泛，那客户回答问题的答案就有很多可能性。

4. 一次问一个问题。问题精准化，才能有效提取信息，发现问题、想法。

5. 只问好的，不问差的。围绕产品的独特优势来进行提问，比人家还差的地方就尽量避开。

6. 问客户目前关注的点。客户会在意利益，也在意体验。你可以问他现在关注的点是哪些，然后从这些点出发，给他讲解。

7. 鼓励式追问。假如客户回答的不是你想要的答案，不要着急转换话题，继续顺着这个问题往下问，但也不要让对方感觉你在审问他。你可以说："这件事儿我还是比较模糊，你可以不可以再说详细点儿？""在那以后出现了什么事情？"鼓励对方继续把问题说清楚。

8. 提问时保持谦虚。高高在上的审问会让人反感，对方感受不到你的尊重，自然也不会把你的话放在心上。谦虚的提问方式，对方更愿意跟你交流，最终从中受益的还是你自己。

9. 提问方法要恰当。人跟人不一样，你要根据实际情况

以及你自己所擅长的提问方式来沟通。遇见强势的人，可以采用请教的方式去问；遇见性格内向的人，可以采用主动出击的方式去问；遇见喜欢用肯定句式的人，那就采用肯定句式提问法来问。

优秀的销售员面临的十个问题

如果你问的问题方向是对的，那你的订单自然会多。销售技巧就在于问到点子上，下面是优秀销售员经常会用的十个问题。

这个问题的初衷是什么？

能不能把你的需求难点以及期望告诉我？

能否再说得更详细点儿？

对于我的解释说明，你是怎么理解的？

我能帮你做点儿什么吗？

你提出这个要求的原因是什么？

这件事情没有我们想象中的那样顺利，原因是什么？

为了能让事情进行得更顺利，我们能做点儿什么吗？

我们想要得到的结果是什么？

怎么确定自己的目标实现了？

要知道：问到点子上，把握时间点，你就赢了一半儿。

先成为“我们”，然后再说合作的事情

当代社会信息发展速度如同飞机一样快速，客户关系管理用到了计算机、信息技术，进行综合整理，就能够提高回头客数量，提升业绩。

美国有个专门介绍中国的网站——关系在线，关于这个网站名字的由来，创始人是这样解释的：“现在的中国，要把生意做强做大以及过上高质量的生活，就要有强大的关系网。”

所以，我跟你说一个能够发财的诀窍：跟大陆人合作，一定要注意关系，不然你至少会失去七成的胜算；跟台湾人合作，没有强大的关系网，你的一半儿生意都会泡汤。因为每个人都把关系网当成是无形财富。同样的道理，我们跟其他人沟通的时候，有了关系，沟通会顺畅很多。只要关系在，什么都好办；如果你跟对方没有一点儿关系，你就要想办法跟对方建立良好的合作关系。什么都可以沟通，只要不伤到情谊，其他都不是大问题。

眼光要放长远

你要跟对方建立关系，这个不是一时半会儿就能搞定的，需要时间跟精力，所以要有长远的眼光。建立关系得有耐心，不能今天和这个搞关系，明天跟那个套近乎，最后啥也捞不着。就像老话儿说得好：慢工出细活儿；心急吃不了热豆腐。

从想要跟客户建立长期合作关系开始，让客户主动愿意跟你站在一边，以后的交情自然会慢慢升温。要知道：生意很多时候是在关系的基础上谈成的。

据说，美国前财长保尔森首次访问大陆时，《华尔街日报》报道的标题是：保尔森中国之行，意在编织关系网。报道中提到：保尔森认为，要在中国发展业务，前提就是跟中国建立长期合作的关系。在报道中还引用了一位美国财政部高级官员的原话：中国人惯用的人际关系，其重要性远远超出你的想象，它能让你获得开诚布公的机会，有机会达标。

当我们创建长久合作关系的时候，同时我们也在不断地发展人际关系，大家从陌生到熟识，从熟识再到开始谈生意，最后拿下订单。所以，你应该尽量去认识更多的人，跟他们成为朋友，搞好关系，为日后的合作奠定基础。这样下去，生意就好做多了，通常来说，想要拿下订单，就要跟更多的人建立联系，做什么事情都会更顺利。

从这点来看，借助于关系促成交易的对象不仅仅是消费者，也包括战略合作伙伴。然而，很多人对于关系网生意还存在着很大的错误认识，在他们看来，不过就是出去吃饭、送钱，跟客户关系好了，就可以走后门儿，但这都是过去时了，现在消费者观念都已经转变了，不再是过去那种客户关系了，他们更倾向于往公平公正、尊重诚信的方向发展。

这种关系转变之后，全心全意追求人本身的价值是很难得的资源，他们把生意交给具备这种价值的人。客户想要的不只是一件商品，他们更想要的是跟对方建立良好的合作关系，他们虽然会偏爱那些价格、品牌因素，但他们更注重的是人的忠诚。

先成为“我们”，再谈生意

现在生意场上的合作关系有一种是“我跟他”。所谓的“他”指的是我们不需要人际关系联系的，比如说你去超市买东西，你和收银员之间的关系，“他”就是收银员，你给他钱，他给你结账，你们之间的交流只是针对这笔交易，对你们其中的任何一方来说，对方都是可取代的，没有多大关系。

假如你第二天再去那个超市买东西，收银员还是那个人，但你也没什么印象。就算是换了个收银员，你也只是跟他进行简单对话，完成支付。我们的日常生活就是在这种“我和他”的关系中做了很多事情，叫个外卖，到街边小摊儿上买个东西等。

还有一种是“我们”，这种关系看起来就亲密多了。这个对象是跟你是有一定感情的，你们之间存在着某种关系，这层关系把你们结合在一起，对你们双方都会产生影响。

到底该怎么处理好“我们”这种关系，然后在这个基础上展开生意洽谈？下面是一种很值得研究的方式，把自己的业务表现得与众不同，可以在客户心中留下深刻的印象，背后的关系支撑就是“我们”。具体方法如下：

1. 要注重社交礼仪。登门拜访之前，应该事先打好招呼，树立好第一印象。想要跟潜在客户建立好关系，第一步就是要

跟这些客户建立联系，提前预约。一般可以通过打电话、发邮件以及发短信等方式进行预约。

2. 见的次数多了，自然就认识了。你要经常出现在客户出现的场合，也可以找朋友牵线介绍，通过较为快捷的方式跟对方建立关系，缩短从陌生到熟悉之间的时间。另外，要注意掌握好频率，每一次见面都要有合适的理由，给下次见面奠定基础。

3. 跟对方的家人搞好关系。即使你找遍了所有的朋友也没人能帮你牵线，那你可以从他的家人开始联系，再通过他的家人介绍认识他。尤其是他的妻子，我们都知道“枕边风”是最有效的，你要想得到他的信任，可以先得到他夫人的信任。在使用这种策略的时候要注意三个原则：礼节、诚信、利益。

4. 成为帮助客户解决问题的专业人士。病人相信医生，是因为医生能够为他们减少病痛。如果你也能做到这一点，那你也能成为帮助客户解决问题的专业人士。

5. 跟客户保证产品价值。向客户说明所推销的产品价值所在，比如质量、价格以及成功经验等，这是跟客户建立良好关系的最好办法，也可以借助第三方，比如说国家官方检测书，已经成功运行的设备，之前的老客户，实际现场观看等，从而拉近关系。

6. 时不时地赠送小礼物。这个也是跟客户建立长期合作关系所必要的手段。跟客户从不认识到认识再到开始谈生意，偶尔一起吃个饭，送点儿小礼物，这个是感情的催化剂，人都是感性动物，他有很多合作伙伴可以选择，为什么选中你呢？

7．要学会逆向操作。市场敏感度高的销售员会在大家都疲惫的时候继续努力，竞争对手少了，这个时候自己就把握了很多机会，容易跟客户建立合作关系。

8．合作不成功，也要留有情面。客户以自己最近预算不足或者已经有其他合作伙伴为由拒绝了你，这样的结果会让你心里不舒服，但你还是要留下足够的情面，为以后的合作争取机会。

假如对方处于两种选择之中难以抽身，你给他留下足够的空间，也能够给将来的合作创造良好条件。如果你不给对方留情面，早晚有一天你会发现他也不会留情面给你。

拒绝喝酒不良习气

优秀的销售员，专业知识必然是扎实的，现在时代在进步，市场环境在不断趋向文明、公平，客户之间的关系渐渐脱离了酒桌文化，要培养专业技能，升级“我们”的关系，增加无形价值，让关系更亲近。